Beyond Traffic 2045

Trends and Choices

美国2045年

交通发展趋势与政策选择

国外交通跟踪研究课题组 编译

人民交通出版社股份有限公司
China Communications Press Co.,Ltd.

内 容 提 要

本书是美国联邦运输部于2015年面向全美人民征求对未来交通发展方向和政策选择的草案“Beyond Traffic 2045 Trends and Choices”中文编译本，描绘了从当前到2045年美国经济、社会、人口、气候、科技、资金等一系列要素可能的发展趋势，对未来人口出行、货物运输可能带来的影响作了详尽的分析，以大量的数据描绘发展的历史和趋势，尽可能地将未来的发展做出形象的情景预演。

本书提供了未来交通发展多角度线索及分析角度和深度，可供交通行业科研、管理、教学人员借鉴使用，亦可作为科普读物，拓宽读者对交通发展的认知程度。

图书在版编目(CIP)数据

美国2045年交通发展趋势与政策选择 / 国外交通跟踪研究课题组编译. — 北京 : 人民交通出版社股份有限公司, 2017.7

ISBN 978-7-114-14012-9

Ⅰ. ①美… Ⅱ. ①国… Ⅲ. ①交通运输发展—趋势—研究—美国—2045 ②交通运输发展—政策选择—研究—美国—2045 Ⅳ. ①F517.12

中国版本图书馆CIP数据核字(2017)第169325号

书　　名：美国2045年交通发展趋势与政策选择
著 作 者：国外交通跟踪研究课题组
责任编辑：周　宇　张　鑫　王景景
出版发行：人民交通出版社股份有限公司
地　　址：(100011)北京市朝阳区安定门外外馆斜街3号
网　　址：http://www.ccpress.com.cn
销售电话：(010)59757973
总 经 销：人民交通出版社股份有限公司发行部
经　　销：各地新华书店
印　　刷：北京盛通印刷股份有限公司
开　　本：787×980　1/16
印　　张：14
字　　数：153千
版　　次：2017年7月　第1版
印　　次：2017年7月　第1次印刷
书　　号：ISBN 978-7-114-14012-9
定　　价：90.00元

Beyond Traffic 2045 Trends and Choices
美国2045年交通发展趋势与政策选择

编委会
Editorial Board

Introductory 译序

自从 Lewis 和 Clark 开辟了通往太平洋的道路，林肯把全美国家铁路连接起来，发展交通运输就一直是美国努力的方向。面临未来 30 年人口增长、能源自足、技术革新等一系列变化，美国交通发展该如何构建未来蓝图？

2015 年，美国联邦运输部向全社会公布了《2045 年交通发展趋势与政策选择》（以下简称"2045 年交通趋势与选择"）草案，征求美国民众对于未来交通的期望，开启了新一轮对于未来交通发展远景的展望。

美国联邦运输部认为：在打造世界一流的交通运输体系角逐中，美国曾经远远领先于其他国家。他们在 19 世纪建设了伊利运河（Erie Canal）和州际铁路，20 世纪又接管了巴拿马运河的建设工作，完成了州际公路体系，并且制定了货物运输和航空运输的国际标准。

但是，美国更加清楚当前的现实：美国的领先地位正在逐步丧失，而且很多方面已经远远落后了。例如，美国的道路质量早已不是世界第一，现在已降到世界第十六位。再如，美国的交通拥堵成为经济发展很大的弱点，每年一辆私人小汽车堵在路上的时间加起来平均有五天之多；货车每年因拥堵所造成的时间浪费和燃油消耗达到 270 亿美元。

《2045 年交通趋势与选择》指出，如果不做任何改变，到 2045 年，曾经是美国经济发展动力的交通运输体系将成为经济增长的拖累。美国的公共交通体系将会面临倒退，乘客们不仅要问何时能够到达单位？甚至要怀疑公共交通是否能够最终把他们送到目的地！如果不做改变，美国的机场、公路，每一天都将和现在的感恩节一样拥堵！

这并不是耸人听闻，也不是不可避免的灾难，这是挑战也是机遇。

《2045 年交通趋势与选择》指出，美国仍然有很大潜力去改变上述情景假设，可以将未来的交通运输体系建设得更为安全、高效、可持续，更令人满意，从而充分支持美国 21 世纪的经济和社会发展的需要。

《2045 年交通趋势与选择》并未给出一个具体的解决方案，它的目的在于通过分析美国交通运输最新的数据信息和趋势，让全体美国人共同参与谈论关于未来交通的国家决策。

《2045 年交通趋势与选择》中提出了美国交通运输发展面临的五大趋势：

我们将如何出行？我们将如何建立一个运输系统来适应不断增长的人口数量和不断变化的出行模式？

2045 年，美国人口将增加 7 千万。2050 年，新兴的超级区域(Megaregions)将可以吸纳 75% 的美国人口；农村人口数量预计将持续下降。在美国南部和西部地区，人口增长将会最大，现有的基础设施很可能难以适应这一增长。美国民众尤其是千禧一代将可能不断减少私家车出行，而更加青睐于依靠公共交通和城际客运铁路出行。到 2045 年，美国的老龄人口将是目前的两倍，有更多的民众需要使用高质量的公共交通系统来实现就医和其他服务。

我们将如何运输货物？如何减少那些增加企业成本的货运瓶颈？

2045 年，美国的货运量将增加 45%。网上购物将大大增加对小包裹送货上门的需求，这也将很快取代许多家庭的购物出行。航空公司的相互合并以及航空枢纽的整合将可能加剧空中交通拥堵。由于美国能源成本较低等原因，美国国际贸易平衡将可能从净进口转向净出口，但是全球化将使美国的进出口同时增长，从而导致港口和边境口岸的拥挤。到 2020 年，美国国内庞大的能源生产将可能使美国成为天然气净出口国，但管道运输能力局限可能会阻碍这一增长，从而导致更多的石油通过铁路进行运输。

我们如何为安全便捷出行的新技术扫除障碍，打造更优质的出行体验？

技术的进步和革新可以改变交通工具、基础设施、物流和运输配送服务，让效率和安全性能得到进一步提升。新的出行数据信息很可能提升人们的出行体验，支撑运输系统的高效管理，支持投资决策。自动化和机器人技术将会影响所有的交通运输模式，提升出行安全性和基础设施的保养维修效率，为使用自动驾驶车辆成为主流提供了可行性。

我们如何应变，使我们的基础设施在遇到类似飓风桑迪的自然灾害事件后能更快速复原？

气候变化的影响包括海平面上升、气候变暖、更频繁及强烈的飓风灾害事件，这些气候变化将对高速公路、桥梁、公共交通、港口码头及水路运输造成影响。

我们将如何调整决策和资金的对应关系，尽可能地以最科学的方式在我们的交通系统中投资数万亿美元？

支撑交通运输的公共收入赶不上不断攀升的维护和运输能力提升成本。65%的公路评级达不到良好状态等级；25%的桥梁需要重大修复；45%的美国人无法便捷地搭乘公共交通出行。联邦燃油税已满足不了交通运输的资金需求。整体融资的不确定性，公路信托基金的资金短缺，在铁路、水运和港口方面缺乏可靠的联邦资金，这一系列现状催生出对新的融资机制的需求。

在这份报告中，美国联邦运输部结合了众多研究团队多年的研究成果，为美国人民描绘了未来交通发展的趋势以及政策可能的走向。对于我国交通决策部门以及科研人员来说，都将是一份非常值得仔细阅读的战略性文件。

作者

2016 年 12 月

Foreword 前言

新中国的交通运输从几近“一穷二白”开启，短短60多年，经历了与国民经济社会发展之间整体滞后、瓶颈制约、总体缓解到初步适应的飞跃。现如今，我国已经是名副其实的世界交通大国。2016年9月，习近平总书记明确指示：“‘十三五’是交通运输基础设施发展、服务水平提高和转型发展的黄金时期。”在新的历史阶段，交通发展要围绕两个百年的发展目标，实现由交通大国向交通强国的转变。未来中国的交通，将不仅仅着眼国内的发展需求，而是站在国际舞台上，体现交通对国家战略的支撑，体现交通对国际发展的引领性和影响力。

21世纪，我国从未像当今一样离世界舞台中心如此之近，我国的发展备受世界瞩目。站在“十三五”时期的历史起点，面向两个百年奋斗目标，怀揣建设世界交通强国的伟大梦想，以史为鉴，了解、掌握世界典型国家交通发展的趋势和方向，以国际的视角审视和把握我国交通的发展现状及方向，可为我国交通的未来发展提供更加宽阔的视野。

美国是世界公认的交通发达国家之一。在高速公路建设中，其发达的运输网络、先进的组织管理，一直都是世界各国效仿学习的对象。我国从20世纪90年代开始，逐渐引入美国在高速公路建设方面的技术、标准，促进了我国高速公路的飞跃。在航空领域，美国的空管系统、大飞机的制造一直是世界的翘楚，在港口领域，美国的安保技术、港口的组织水平也值得我们不断学习；还有高度发达的管道运输，我国与之也有差距。一直以来，美国以先进的发展理念，引领世界的科技创新能力、国内学界对未来的预见性，以及管理者的决策远见都有意无意地引领着世界交通发展的方向。

本书是美国联邦运输部于2015年面向全美人民征求对未来交通发展方向和政策选择的草案。美国联邦运输部综合了多个科研团队、多位专家学者的长期科学研究，为美国人民描绘了从当前到2045年美国经济、社会、人口、气候、科技、资金等一系列要素可能的发展趋势，对未来人口出行、货物运输可能带来的影响做了详尽的分析，以大量的数据描绘发展的历史和趋势，尽可能地将未来的发展做出形象的情景预演。本书并没有给出最终的答案，而是将未来的选择留给了民众。对于未来的可能，将是一场民众需求和决策者最终智慧的博弈。

对于我们来说，本书所描述的未来交通发展方向以及有可能的影响，值得我们认真思考、引以为戒。书中对人口因素对未来交通发展的影响做了非常深入的解析，从人口的总量、布局，到不同年龄人口的社会行为差异，详细阐述了其对交通规划、布局、政策选择可能的方向。本书更是全面探讨了新科技对交通的深远影响，"互联网+"、共享汽车、无人驾驶、3D打印、机器人等社会热点逐一评论，我们也从中看到了美国政府对这些新业态所持的态度，以及作为管理者关注的重点，这些同样是我们国家当前正在面临的问题。书中还对"下一代交通系统"等未来交通发展的方向做了深入的描述，给我们展现了美国未来的交通科技动态。当然，支持美国交通发展的信托基金问题已经成为不可避免的话题，在书中美国联邦运输部也给出了数据和事实的详尽分析。

他山之石，可以攻玉。本书给我们展现了美国未来交通发展的各种可能，也给正在思考我国未来交通发展的所有人提供了多角度的线索，丰富了我们对交通发展的认知广度。每位关注交通发展的人都能从中找到所关注的点，它的分析角度和深度也值得我们借鉴学习。愿此书的出版能够给我国交通行业从业人员带来新的视角和高度。

编者

2017 年 5 月

Contents 目 录

1 未来趋势

1 未来趋势

1.1 如何出行

交通运输将我们与工作、家庭、朋友连接在一起。每个人都有不同的需求和价值观,并且在做出自己的出行选择,但实际上大家都非常依赖交通系统。

图 1-1　美国未来出行的变化与影响

随着人口的增长和变化,美国人的需求和喜好也在改变(图 1-1)。事实上,他们已经改变了出行方式,例如,美国人每年开车的里程数不再持续增长,这颠覆了几十年以来的发展趋势。许多年轻人不再买车,甚至不考驾照。人口增长必然会导致整体出行需求的增加,但可想而知,日益严重的交通拥堵也将给出行带来很多不便,这样许多人就会想方设法减少出行。

本章主要分析与个人出行相关的重要的人口发展与趋势变化(图 1-1),这将决定 2045 年美国的交通网络形态。

1.1.1 人口因素

1) 人口增加

过去 30 年,美国人口增长了 35%,从 2.3 亿人增加到了 3.2 亿人(图 1-2)。随着国家的不断发展,人们的出行需求也在逐渐增加。与过去相比,现在有更多的人在路上、机场和火车站。

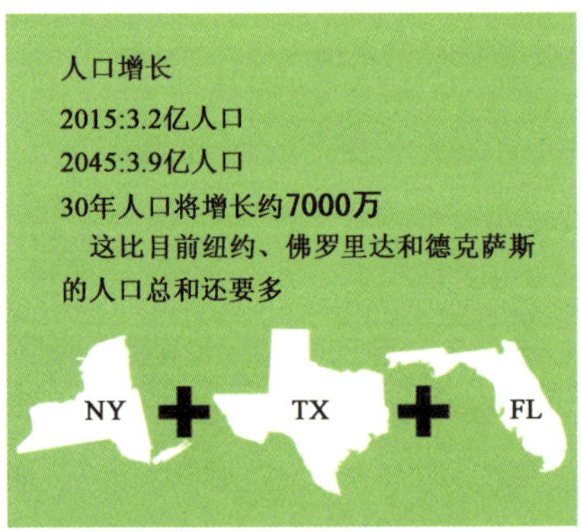

图 1-2 美国未来人口变化

但是,交通系统的运输能力还不能满足人们的需求。由于道路和机场设施不能很好地满足美国人不断增长的出行需求,导致道路空前拥堵以及航空系统频繁延误。

到2045年美国人口预计增加7000万人。与前几十年相比,增长速度有所减缓,但仍意味着将增加比当前纽约、佛罗里达和德克萨斯人口总和更多的人。不断增长的人口将导致出行总需求的增加,这可能带来更加严重的拥堵,进而导致人们尽量减少出行。

美国当前已经趋于饱和的老龄化运输系统如何才能容纳下这增加的7000万人的出行,以及由此产生的大量货运需求?如何更好地满足未来的需求,要求美国现在必须做出明智的选择。

2)更多的车,更少的里程

在过去的50年里,随着郊区的发展,美国人越来越依赖于汽车出行。但是他们的出行方式正在慢慢发生变化,目前美国人已经减少了开车出行。尽管美国的经济自2008年以来已经开始复苏,但衡量人们开车出行距离的指标——人均车辆行驶里程在2006年就开始呈现不增反降的趋势。

尽管如此,交通拥堵仍然非常严重,特别是在一些大型城市。根据测算,大城市的开车上班族每年花费在交通拥堵上的时间相当于5个假日(图1-3)。从大家的切身经历来看,严重的拥堵可能会对人们选择生活在哪里以及怎么到达那里产生影响。

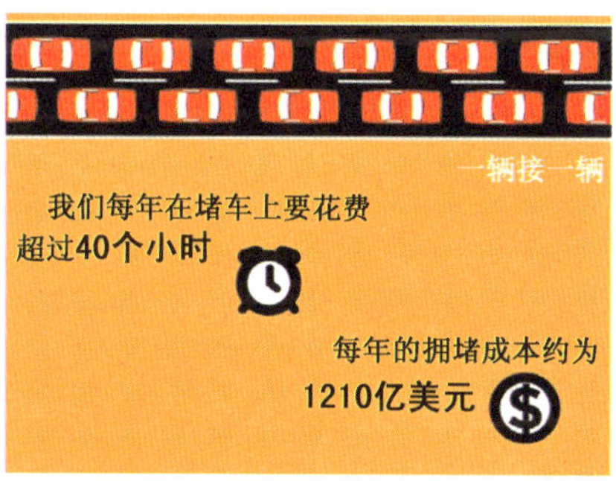

图1-3 拥堵的成本

20世纪80、90年代，美国人因为通勤距离增加、交通流量增长而花费越来越多的时间在汽车上。单人开车出行比例上升，拼车、公交及步行比例出现下降。随着燃料经济性的提升，汽车和汽油的成本相对于其他成本来说逐渐下降，开车变得更加轻松易得。越来越多的人，尤其是女性开始工作后，大都市的区域边界也在不断扩张。郊区人口不断增加，都市圈边缘的农村地区变成了远郊。而与此同时，城市人口则没有明显增加。随着通勤距离不断增长，通勤者要花费更多的时间在交通上。

21世纪初期，这种趋势开始发生变化。2006年，美国人平均开车出行与2005年相比有所降低(图1-4)，这是自20世纪70年代石油危机以来首次人均驾驶有所下降。女性出去工作的速度有所减缓，同时婴儿潮出生的一代人基本已经度过了开车的高峰期。汽油价格有所上升，且一度达到一定的历史高位，进入到一段波动期。

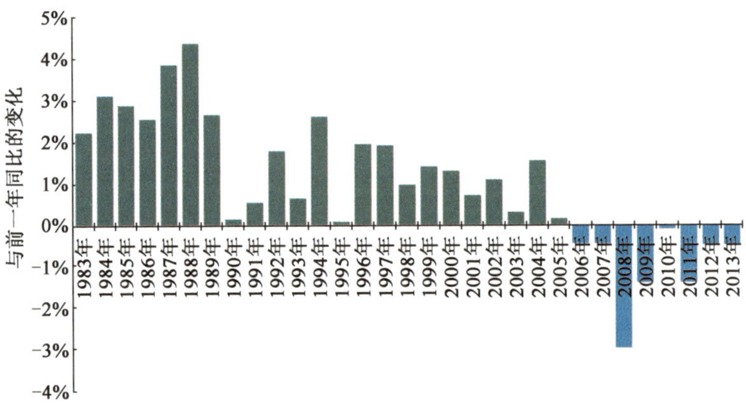

图1-4　自2006年起人均车辆里程逐年下降

2008年次贷危机把美国经济带入了大萧条时期。全国失业率翻了一倍，房产价值骤降，房地产建设减慢甚至停滞。经济的不稳定性几乎影响到了每一个人。很多人暂时放弃了买车和买房计划，甚至延缓了组建家庭、寻找新工作等，开车比例有所下降。尽管在许多都市圈地区，其交通堵塞程度仍很严重，但相比高峰期已经有所下降。

目前美国的失业率接近于经济衰退之前的水平。人们又开始投入新的工作，并购买住房和汽车，但是他们并不那么经常地开车了。

对于这种情况有很多解释，但至于哪种因素对此影响最大以及这种趋势是否会持续下去并没有形成共识。近期的经济衰退和房价下降可能造成人们生活及出行方式的短暂改变，也可能带来更加长久的影响。

未来30年，人们更少开车，将意味着更少的污染和更少的交通堵塞。但同时也将会降低维持公路和桥梁正常运营的燃油税收入。这也意味着人们已经学会通过减少出行来适应目前供给不足、拥挤的交通网络。

联邦公路局(FHWA)预测显示人均车辆行驶里程(VMT)将保持相对稳定，未来30年可能增加23%～27%。

3）千禧一代驾驶模式

相对于10年前来说，人们更少地选择开车出行，其中年轻人尤甚。2009年，18～34岁之间的人相对于2001年的同年龄段人来说，开车里程降低了21%(图1-5)。尽管人口在增加，但拿到驾驶执照的34岁以下年轻驾驶员的人数实际上却在减少。很多人选择住在城市里，因为那样他们可以选择步行、自行车或者公交车出行。年轻人的出行方式至关重要。如今千禧一代人数已经超过婴儿潮那代人。18～34岁的人口有7400万，而50～68岁的人口约为6800万。

人们对于出行的态度在慢慢改变，特别是年轻人。从Uber到Zipcar再到Skype，年轻人们正在通过高科技来寻求新的出行方式或者尽量减少出行。对千禧一代的调查表明,相比开车或者去商店,他们更愿意花时间在手机上,或者是通过互联网社交来替代开车出行。而调查也显示,大多数人仍然渴望拥有自己的住房,并且相较于住在城市中的小房子,更加喜欢郊区宽敞的房屋。

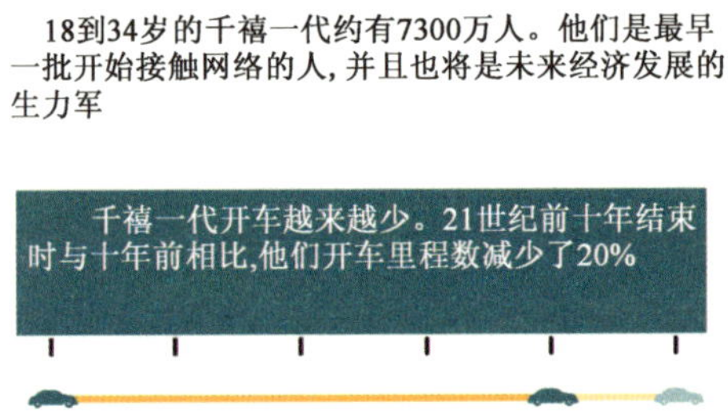

图 1-5　千禧一代——受新技术影响的人们

许多千禧一代可能对于居住在哪儿或者是否拥有一辆汽车没有太多的选择权。大萧条对于年轻人的影响尤其严重。很多人都找不到工作,学生的债务负担加重,很多人因此而推迟组建家庭。这些都可能对年轻人拥有一辆汽车产生影响,并且可能使他们选择延后去做一些可能导致出行增加的事情,比如生孩子或者买房子等。

从 1990 年到 2013 年,与父母同住的 18 到 34 岁之间的年轻人比例从 24% 上升到了 32%。

目前尚不清楚开车出行减少是一种必然选择还是由于经济原因导致的,但大部分年轻人已经逐渐适应了这种更少开车出行的生活,也将比上一代人更少用车。很明显,千禧一代将根据他们的预算及生活方式来决定他们住在哪里以及如何出行,是选择自行车、滑板、巴士、紧凑型轿车还是皮卡车。

4) 老年人出行

年龄的变化对于如何开车有持久的影响。老年人平均开车出行量低于其他人。平均来说,65 岁以上的老年人开车出行量是 25 ~ 64 岁人们的一半。目前,人们的寿命更长、更加健康,退休的时间也逐渐延后。未来 30 年,老年人可能会更晚退休,并更加经常地因为工作或者休闲而出行。

尽管退休年龄逐渐增加,但从整体来看,劳动力占总人口的比例预计将不断萎缩。这个比例在 2000 年达到 67% 的峰值,到 2045 年预计将下降到 60% 以下(图 1-6)。也就是说,未来 30 年里虽然人口预计将增加约 20%,但劳动力可能仅增长 10%。下滑的劳动力比例可能减缓上下班交通量的增长。

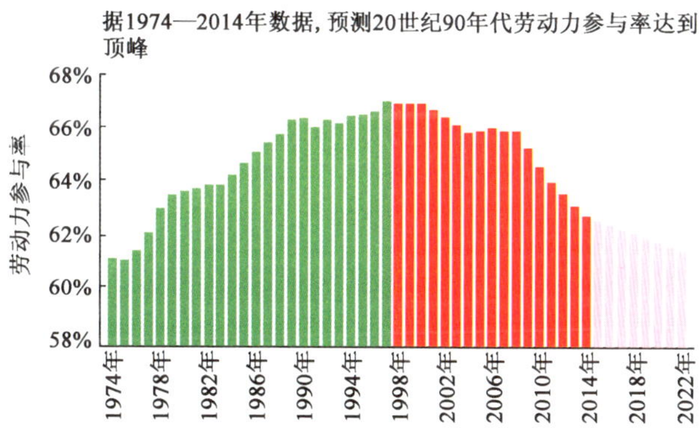

图 1-6　美国劳动力参与率趋势(1974—2022 年)

到 2045 年,预计 65 岁以上的老年人将达到 8100 万人,占总人口的 21%,差不多是目前的两倍(图 1-7)。人口不断增长的老年人(图 1-8)的出行需求,将对已经面临诸多挑战的交通运输系统提出更高的要求。身体原因可能影响了老年人开车的能力。全美国有 5600 多万残疾人,65 岁以上的老年人中有一半身体有某种形式的残疾,

36%的老年人有严重的身体残疾,需要别人的帮助。很多限制了驾驶能力的残疾也对其乘坐其他交通方式出行有一定影响,比如通过传统的固定线路运输等。身体原因限制了老年人的灵活性和独立性,并使他们无法很好地享受一些重要的社会服务。

图1-7 美国老年人——重新定义长寿

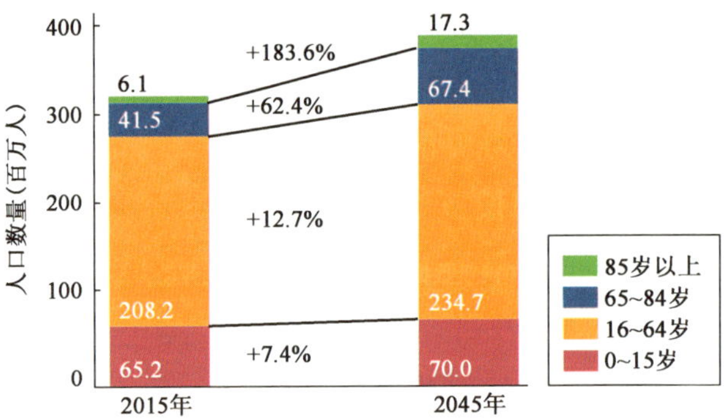

图1-8 不同年龄群体的人口增长情况(2015—2045年)

我们怎么才能够保证不能开车的老年人仍然能享受到这些社会服务呢?有一部分人依靠亲戚和朋友,而其他人则面临着被社会隔离以及生活质量的降低。在过去10年里,老年人的交通出行增加了约40%;但即便如此,在总出行量中老年人出行仅占不到3%。

辅助客运系统服务——门到门的个性化运输服务——为老年人和残疾人提供了一个很好的选择,但比传统的运输服务贵了3倍。老年人通常并不愿意从家里搬到能够更加便利地接受服务的其他区域。老人们希望有一个能满足需求的交通运输系统,使他们能够在自己的社区既能很方便地跟家人、朋友联系,又能够很好地享受到各项服务。

1.1.2 收入不均

对于许多人来说,收入的下降可能使一些可靠的交通方式变得难以承受。目前经济正在逐渐复苏,但并非所有人都已受益。2009 年以来,除了最富有的那 10% 的人外,其他人的收入都在下降。这 90% 的人的收入水平与 1986 年时是一样的。白人、黑人和西班牙裔家庭之间的贫富差距自 2007 年以来不断拉大。白人家庭的平均收入水平是黑人家庭的 13 倍,是西班牙裔家庭的 10 倍。

生活贫困的人数仍在不断增长。2013 年,有 4530 万人生活在贫困中,这比 2000 年增加了 1400 多万人。收入和财富问题影响了绝大多数人生活的方方面面,包括获得可靠、便捷的交通出行。对于大多数家庭来说,交通是仅次于买房的第二大消费(图 1-9)。平均来说,交通费用约占家庭总支出的 20%,家庭总收入的 12% ~15%。但对于低收入家庭来说,这个压力就更大。对于 20% 的最低收入人群来说,运输成本大约占其税后收入的 32%。在工作聚集地附近缺少经济适用房,或缺乏往返于工作地点的廉价交通方式选择,给工薪阶层家庭的交通成本带来很大负担。这对于低收入家庭来说是一个极大的发展障碍,将严重阻碍经济和社会发展。

要得到并维持住一份工作,人们必须要依赖可靠的、负担得起的交通,既能便利地去工作,也能够很好地享受儿童保健以及其他各种社会服务。为了降低成本,很多人可能会选择一些时效性较差的运输方式。买车是比较贵的,通常需要贷款。公交出行是个不错的选择,但其上下班通勤耗费的平均时间是开车的两倍。在城市中的仅有四分之一的低级技术岗位是在 90 分钟内可以有交通可达的。

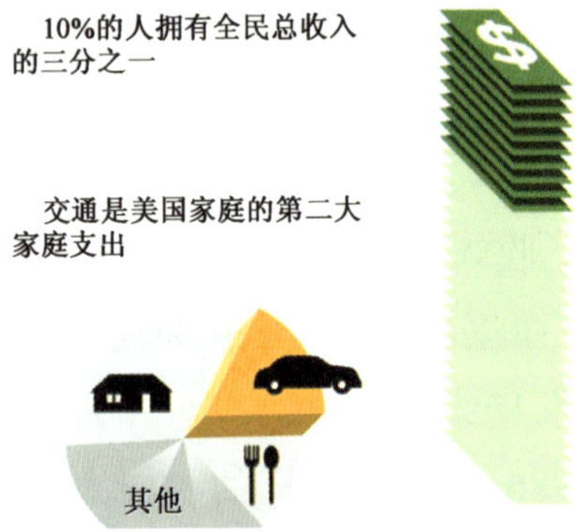

图 1-9　收入不均衡

随着美国郊区的发展,一些低收入人群更多地选择住在郊区。如今,与城市相比,低收入人群更多住在郊区(图 1-10)。2000—2013 年期间郊区低收入人口的增长速度是城市的两倍。受经济衰退影响比较严重的一些低收入行业的办公都已搬到了郊区。因为郊区很少有便利、可靠的公交系统,那么开车出行可能成为一种必要方式。

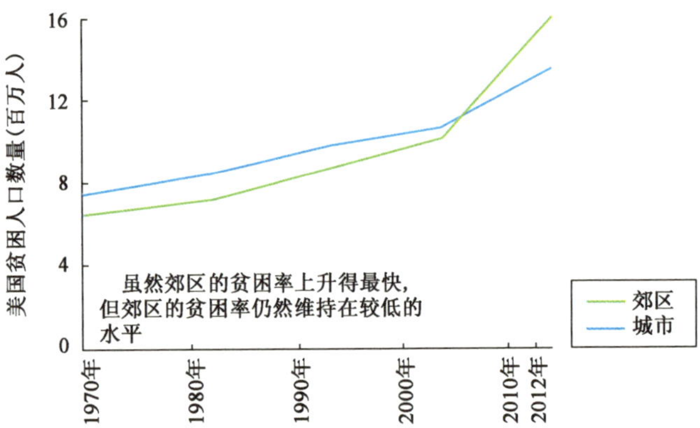

图 1-10　城市和郊区的贫困水平(1970—2012 年)

举个例子,在过去十年间,工作从核心城区转移到圣路易斯郊区的低收入人口增长了 53%。对于这些不断增加的低收入人口,地方政府正在努力为他们提供更加广泛的工作机会。

1.1.3 城市发展

城市和郊区的人口不断增加，农村人口则不断下降。过去30年里，郊区人口增加最多。如今几乎有一半人生活在郊区。自1980年以来，增长的人口中有四分之三分布于郊区，他们的工作地点也渐渐向郊区转移。2010年，距离市中心10英里以上的工作岗位约为距市中心不到3英里工作岗位的2倍。

随着人口和就业向郊区迁移，上下班通勤不再只是简单地从郊区到市中心的出行。当前三分之一的通勤交通起止点都位于郊区。

郊区人口和就业岗位的增长对于交通政策有重大影响。像过去几十年一样，随着开车的人数不断增加，交通拥堵将更加严重。而老年人和低收入人群要获取更好社会服务的需求也使目前的交通模式面临着更大挑战。

近年来，随着位于城市圈边缘的远郊区域发展，20世纪90年代郊区的人口增长速度达到顶峰，这也导致了部分农村区域的郊区化。到了21世纪，郊区人口增长逐渐放缓，城市人口增长有所加快。2010年至2013年，大城市的人口增长率达到过去十年的两倍，超过了郊区人口增长率。随着城市人口的快速增长，许多大城市的房价也迅速飙升。

> 尽管过去十年城市人口呈现增长趋势，但总的来看人口大多数仍在郊区。

尽管生活模式有改变的迹象，但大多数人仍会首选郊区（图1-11）。虽然城市变得更加适于居住，城市人口增长速度也在不断提升，但多数人仍然愿意选择居住在密度较低、住房更便宜、就业机会更多的郊区。

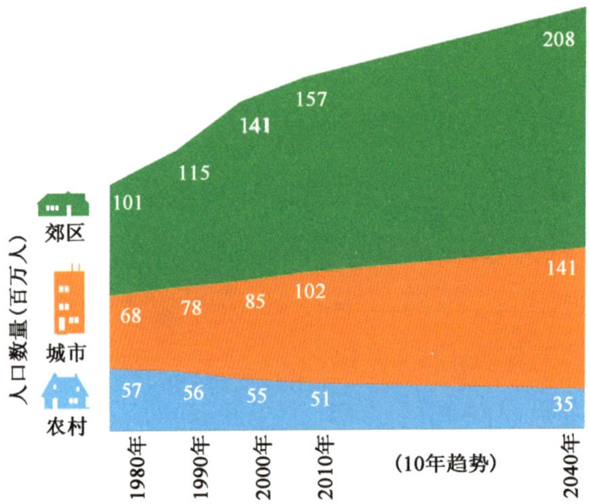

图 1-11　美国人口变化趋势

1.1.4　地区差异

基于以上原因,西部地区和南部地区的人口增长最为迅速。1980—2010年间,西部和南部地区人口增长6800万人,占总人口增长的83%。这些区域的一些大都市都经历了高速的人口增长,对于交通系统运输能力的需求激增,并大大增加了交通的拥堵程度。与此同时,中西部和东北部许多区域的人口正在减少。

杰克逊维尔扩展交通方式选择

近年来,由于佛罗里达州东北部新增大量就业机会,杰克逊维尔的人口增长速度几乎是全国平均速度的两倍。这种增长给杰克逊维尔带来了极大的交通挑战。交通堵塞日益加重,市区的便利交通方式无法满足人们的需求。为了使不断增长的人口更好地出行，杰克逊维尔交通管理局投资930万美元联邦资金用于建设快速公交系统（BRT）。BRT系统利用现有的公交路线为大家提供更快捷、高效、可靠的出行。被称为第一海岸飞行者的杰克逊维尔BRT系统，初期线路里程为6英里，预计2019年将延长到超过50英里。这是杰克逊维尔要转变其运输系统长远愿景中的一个关键元素。除了改善现有交通条件，城市领导者计划投资1亿美元来建设新的道路。

随着经济重心从农业和制造业转移，中西部地区的农业县和五大湖地区的工业县都明显缩水。1980—2010年间，超过1000个农业县——几乎是农业县总数的40%——呈现人口的持续下降。随着郊区扩张，农村人口不断减少，农村出生率不断降低，部分退休人员和求职者也陆续搬到城区居住（图1-12）。

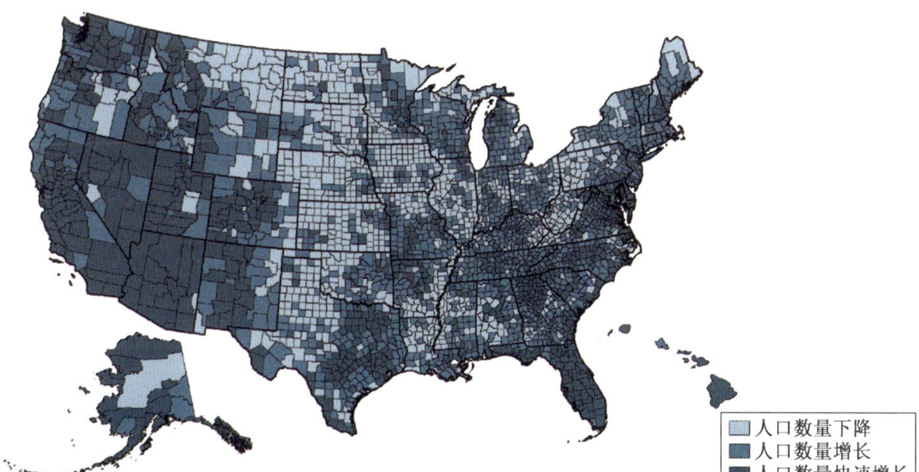

图1-12　1980—2010年的人口变化

从整体来看,过去30年人口缩减最多的是一些都市县。沿着五大湖区(纽约州、宾夕法尼亚州、俄亥俄州、印第安纳州和密歇根州)的许多传统制造业城市人口显著减少。巴尔的摩、费城、底特律和圣路易斯等城市人口有所下降。这些地区面临着保持好现有基础设施的挑战,以便获取更多的经济机会和社会服务。

1.1.5 全面创新

移动和信息技术的进步让人们能够做出不同的出行选择。全球定位系统(GPS)使人们能够更加容易地找出到达目的地的最佳路线。而且人们能够更便捷地获取实时交通信息和出行计划信息,从而更加方便地安排和改变出行的日程和路线。相关技术的创新改变了人们出行的方式、消费模式以及获取服务的方式。

1997—2010年,每周至少在家工作1天的美国人数量增加了43%。出行偏好、灵活的工作制度、旅馆式办公(不固定办公室座位)、电子办公,以及通信技术的进步等因素都影响着人们的工作和通勤方式。最快的通勤方式,实际上是远程办公。2010—2030年通勤区人口变化预测见图1-13。1997—2010年在家工作的劳动者比例见图1-14。

> 2010年,超过1300万美国人——占所有在工作人员总数的9.4%——每周至少有一天是在家工作(图1-14)。

雇主们现在可以更加灵活地安排员工的上班方式及与同事们之间的沟通方式。超过三分之一的员工能够安排或改变他们的上班时间——这些人中有一半是从事专业、管理及技术岗位。远程办公和灵活的工作时间表可以有效减少高峰时间出行,这将有助于减少大都市的交通拥堵。

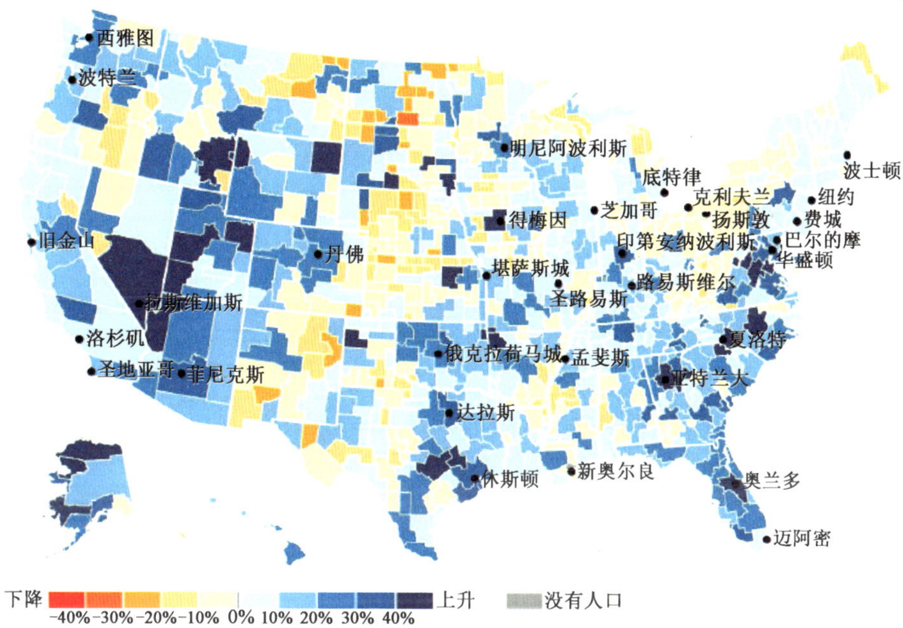

图 1-13　通勤区人口变化预测(2010—2030 年)

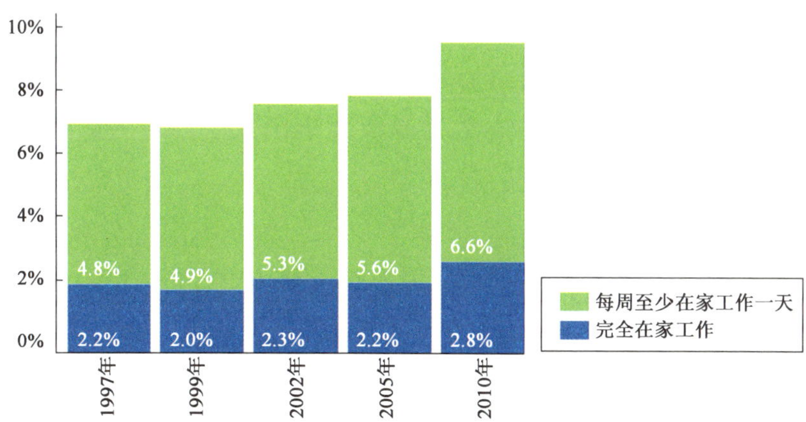

图 1-14　在家工作的劳动者比例(1997—2010 年)

电子商务可能很快会替代一大部分家庭的购物出行。目前，超过五分之一的家庭出行是为了购物，网络购物还没有对这一模式造成显著影响。2009 年，平均每个家庭每月在线购物 3 次，电子销售大约占零售总额的 4%，但到 2014 年，这个比例已经上升到了 6.6%。电子销售最常见的产品类型包括电子产品、书籍和衣服等。网上购物持续快速增长，其受众以年轻人居多。按照目前的发展速度，5 年内网上购物就可以占到零售总额的 10%。

随着网上购物占的市场份额不断增加，与购物相关的交通出行将有所减少，人们对于私家车的需求也将下降，但同时也可能会增加城市区域内运送载货汽车的卡车交通量。

一些新兴的运输方式正在不断减轻传统交通运输的压力。汽车共享正在快速增长。2014 年，全国 24 个相关业务组织已有会员 160 万人，会员数量在过去的 7 年中增加了 10 倍多。对于许多城市家庭来说，汽车共享比拥有一辆车更加方便，从成本来看也更加便宜。汽车共享降低了城市家庭买车的欲望（无论是购买第二辆车，或者是购买任何类型的车）。这些新兴的共享及共乘模式使得个人能够与其他人以驾驶员和乘客的方式分享他们的私家车。

近年来，自行车共享也在 30 多个城市出现，包括纽约、芝加哥、旧金山、波士顿、明尼阿波利斯市和华盛顿特区等。自行车共享系统使人们能够更加方便地短距离出行，并实现与其他方式的顺畅连接，特别是与公共交通。这种方式还鼓励人们骑自行车旅行。与汽车共享类似，自行车共享也提供了一个低成本的交通服务，主要解决出行中“第一英里”和“最后一英里”的需求。

一些打车应用软件，像 Lyft 和 Uber，通过移动 APP 平台把驾驶员和乘客联系起来，这种方式对传统的出租车服务产生了极大影响。为此，传统的出租车公司也开始采用新技术使他们的服务更加可靠和方便。这种新型的打车服务发展迅速。这种共享的商业模式大大降低了开车者的用车成本，扩展了车辆的可达范围，大大提升了车辆的使用率。同时，还可以作为现有运输服务的补充，在城市区域提供高效、直接的短途服务以及运输系统非工作时间的运输服务。

Uber，成立于 2010 年，现在资产价值 400 亿美元，目前已在美国 90 个城市成功运营。

这种共乘商业模式的大量涌现给政府带来了极大挑战。这种方式通过互联网和移动 APP，允许个人利用未充分使用的空间、资产和技能来赚钱。这种模式颠覆了传统对于"商业"和"个人"的分类界定，而且由于其发展速度较快，在法律和监管领域政府还没有做出相应的配套。在未来的 30 年，美国的法律和监管体系可能会越来越多地受到超出传统概念的新兴商业和出行模式的挑战。

1.1.6 交通安全

交通安全是一个重要的社会问题，也是美国联邦运输部的首要责任。交通事故是 34 岁以下的人们死亡的主要原因。每年人们由于交通事故在医院花费超过 100 万美元。交通事故导致 32719 人死亡，其中包括 4735 名行人、4668 名骑摩托车者、743 名骑自行车者、396 名 5 岁以下儿童。死亡的人中，几乎有一半没系安全带，近三分之一的人为酒后驾驶。人们已经为事故伤亡支付了约 180 亿美元的医疗费用，以及因为影响工作损失约 330 亿美元。

> 全美国平均每天都有 90 人死于交通事故，超过 6000 人受伤。

幸运的是，目前减少运输系统伤亡数量的工作已经取得了很大进展。所有运输方式的安全性都在不断改善。虽然乘客出行总数在不断增加，但自 1990 年以来交通死亡事故数量已经下降了 25%。航空事故已经极为罕见，铁路和水运事故死亡人数也在稳步下降。这些改善是多种因素共同作用的结果，包括改善车辆技术、完善安全设施、提升执法水平、提高安全标准和优化人口统计数据等。

例如，美国范围内安全带的使用率从 20 世纪 80 年代初的 14% 增加到了 2013 年的 87%。据估计，由于安全带的使用每年可以挽救超过 12000 人的生命。目前美国 49 个州出台了法律强制大家使用安全带。安全气囊的使用也挽救了成千上万人的生命。据美国公路交通安全管理局（NHTSA）估计，正面安全气囊的使用，已经挽救了近 43000 人的生命。

> 近几十年以来，高速公路交通事故数量和增长速度都在明显减少。未来政策、技术、车辆和道路设计方面的创新都将进一步改善驾驶员的安全。

目前，车辆对于安全性的要求逐渐超越了最基本的安全带和照明等方面，更加趋向于可以帮助驾驶员避免事故的高科技性能发展。由于技术的持续创新，目前的汽车可以说是史上最安全的，全美国交通事故伤亡人数也呈现出逐年下降的趋势（图 1-15）。除了正面和侧面安全气囊外,一些有助于防止车辆碰撞的事故规避技术也起着越来越重要的作用,包括自动紧急制动系统、汽车前碰撞预警系统及电子稳定控制技术等。未来,车辆自动化相关技术可以帮助驾驶员有效避免很大一部分现如今发生的交通事故类型。

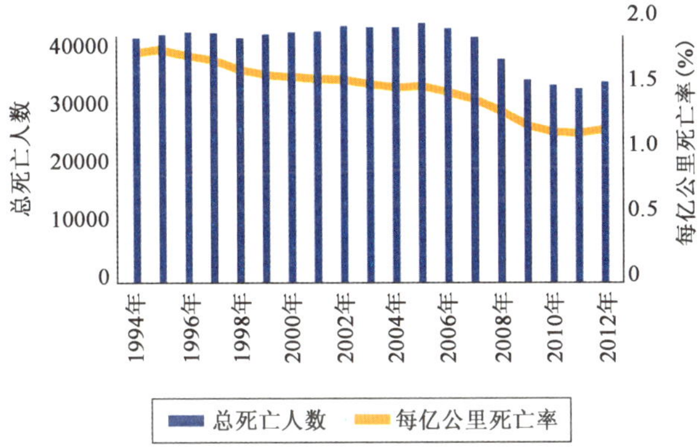

图 1-15　道路事故死亡人数(1994—2012 年)

随着道路设计水平提升及一系列低成本的道路安全措施的应用,道路安全性能也有所改善。环形及其他形式的交义口设计改善了交通流交织的安全性和流动性。应用减速带、减少路面陡坡以及在关键位置采用摩擦系数高的路面处理技术等都能减少事故风险。同时,道路及事故数据采集系统能够让决策者更好地了解事故频发的地理特点,并且系统提升道路的安全性能。

1.1.7　政策选择

了解人们如何出行以及未来可能生活在哪里,有助于规划者和政策制定者更好地制定政策并做出投资,以确保我们运输系统的良好性能。本章所提到的人口发展趋势、地理位置和出行特点等,都对未来的运输系统提出了新的挑战和机遇。

首先,我们需要找到方法来确保目前已经很拥挤的运输系统能够容纳增加的7000万人的出行需求。要做到这一点,我们需要更大的运输能力以适应不断增长的需求,或者通过措施更加高效地利用现有资源。一些措施,比如定价,可以减少对于政府的投资依赖;然而,也可能会带来一些副作用,比如制造出"第一"和"第二"类运输系统等。

人口本身比例的变化可能抵消掉一部分增长的运输需求,但不可能是全部。随着人口老龄化和参与劳动人数的下降,人均驾驶率可能会趋于稳定或者减少。但同时,越来越多的老年人生活在必须依靠汽车代步的区域,要使他们更好地享受社会服务就面临着新的挑战。

用交通吸引千禧一代

全国诸多城市都在想方设法吸引并留住年轻人,以促进当地经济发展。美国规划协会的一项调查显示,只有8%的千禧一代人愿意生活在必须依靠汽车代步的郊区。丹佛的居民和商业领头人建议市领导,当前首要任务就是要建立一个完善的自行车网络,以吸引并留住年轻人及雇佣他们的企业。因此,丹佛的市区规划中单独列出一项,就是要建立独立的自行车道以确保交通流动性,并促进经济发展。

社会和技术的变革将给人们的出行带来影响。千禧一代以及未来一代又一代的人们,可能开车比他们的父母都要少。相比于郊区和汽车,他们可能更加喜欢城市和手机,而且他们从网络上购买需要的物品,而不是去超市或商场购物。初步迹象表明,这些变化的总体影响可能是个人驾驶率的缓慢增长,同时随着人口增多,各种交通方式的出行人数也在逐步增加。

> 除非发生重大社会变革，否则美国大多数人仍会住在郊区，并享受郊区的交通基础设施服务。

到2045年，美国多数人可能仍然是自己开车上班并处理一些日常事务。人口将逐渐向大都市迁移。但是这些大都市将不再是现在这样，而是更大、更宽松，在城市中心区之外较为便宜的地块进行新的投资和开发。除了做出明确限制的土地使用计划外，扩张可能仍将是主导的发展模式，如果我们不采取任何措施，拥堵将会更加普遍。

一些城市目前正成为一些新型交通方式的实验室，包括拼车、乘车共享、增加自行车设施以及一系列扩展的运输选项等。但是如果城市不能更好地适应不断增加的人口，郊区将会以更快的速度发展。这样我们就会慢慢发现一些城市逐渐成为了富人的领域，而穷人不得不挤在郊区生活。随着收入差距增加及贫困郊区化，如何提供人们负担得起的住房和交通选择将成为越来越重要的政策难题。

随着大城市的发展，农村人口和经济受到挑战的都市区正在慢慢萎缩。而随着税费基点的下降，这些地区的农村人口和经济弱势人群可能会面临更多难题。各级政府面临着如何采取措施做到公平公正的挑战，同时必须确保将稀缺资源分配给最需要的区域。

美国已经制定了大量政策来减少交通堵塞，给所有人提供高质量、低成本、便捷的交通选择。主要包括：

（1）增加城市区域的道路扩容投资，减少交通拥堵。

（2）调整国家地面交通计划，使之做出更具针对性、基于驾驶需求的适当的投资。

(3)扩展和/或提升运输服务质量。

(4)提升运输系统的人性化服务水平,满足老年人和残疾人的出行需求。

(5)对于收入较低的工薪阶层驾驶员进行适当补贴。

(6)推进综合交通发展,做好土地使用规划。

(7)鼓励自行车共享、汽车共享等服务形式。

(8)整合土地利用和交通规划,以实现高效的可持续发展模式。

(9)鼓励替代汽车出行的设计及规划选择。

(10)收取拥堵费。

(11)取消对于州际公路收费的联邦限制。

(12)鼓励企业远程办公。

(13)鼓励对有利于减少交通拥堵的运输技术和运营战略加大投资。

1.2 如何运输

美国依靠货运系统驱动经济发展,这一系统包含多种运输形式(图1-16)。美国的卡车、货船和港口的工作效率极高,以至于人们大多对这一系统习以为常。然而,美国的海港可以说是现代世界的奇迹,也是全球贸易的大门。每年,长滩港和洛杉矶港的进出口货物总值可达上千亿。满载进口货物的大型货船抵达美国的海港,载货汽车和火车将货物运至综合运输枢纽,随后将其运至全国各地的仓库和商店。货运列车将大量谷物从美国中西部和中央大平原的农场运至密西西比河、密苏里河和俄亥俄河,货船将这些谷物运至墨西哥湾沿岸,远洋货轮再将其运抵海外市场。当美国人在圣路易斯享用阿拉斯加基耐半岛的红鲑鱼时,很少有人会从眼前的美食联想到他们的现代航空运输系统所创造的奇迹。

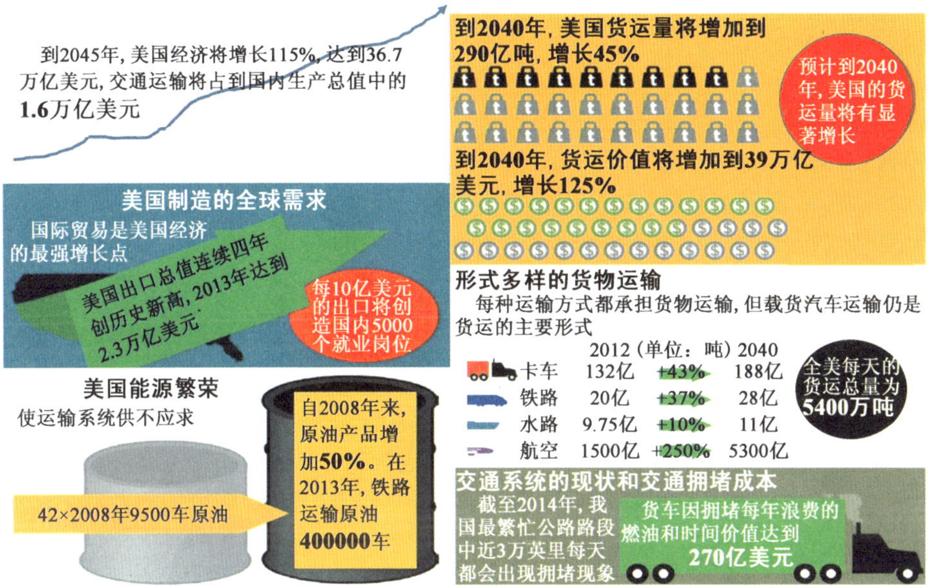

图 1-16　交通运输与国民经济

正是因为有了蓬勃发展的多形式货运系统，美国才能够在全球市场保持竞争力，满足消费者和行业发展的需求和期待。在网络购物和快递业务兴盛发达的今天，人们对其背后的政策、基础设施、汽车、火车、轮船和工作人员所发挥的作用习以为常。然而，美国的货运系统其实面临着巨大的压力。道路、铁路以及一些大型机场的拥堵情况越发严重；许多港口和内陆航道设施陈旧，有待疏浚。然而，尽管货运系统面临重重挑战，但也让人们看到了提升货运水平的空间。

当前，地区性和全球性的货物运输模式都在改变。国际贸易发展迅速，全球制造业中心正在转移，新的贸易路线随之出现。企业通过及时发货来降低物流成本，网络购物的繁荣给快递服务提出了更多的需求，世界各地的港口自动化程度都越来越高，轮船、火车、卡车联运也在迅速发展。未来 30 年，货运需求、装运服务、制造业、物流业、技术和能源生产方面的变化将再次给运输系统带来巨大转变。

本章所探讨的内容是从现在到2045年,将会有哪些趋势对运输系统和货物运输产生影响。

1.2.1 人口和经济增长

目前,美国的货运系统平均每年为每个国民运载约63吨货物。随着人口增长和经济发展,美国的货运需求也将持续增大(图1-17),给本就面临挑战的货运系统带来更大的压力。

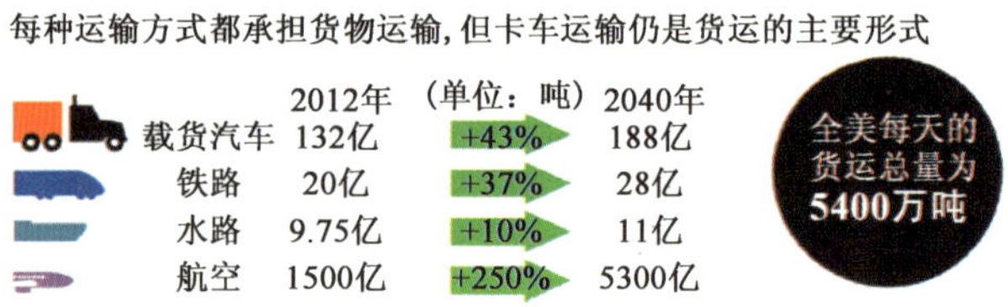

图1-17 形式多样的货物运输

我们的经济已经开始复苏。尽管最近几年经济形势不景气,但是美国现在的经济规模已经超过30年前经济规模的两倍,年经济增长速度约为2.6%。同时,企业在运输方面也变得更加高效。在解除对火车运输和铁路行业的管制之后,供应链物流的效率和创新水平都有所提高,美国经济也从中获益。长期来看,运输和物流成本在美国国内生产总值中所占的比例有所下降。据估算,在过去30年里,物流和运输成本在美国国内生产总值中所占比例从16%降至8%。美国经济中物流成本的比重在全球范围内属于较低水平,这一比重略低于欧洲,并且低于中国该比重的一半。

美国的经济增长已经超过了货物运输的增长,美国经济中货运所占的比重有所降低(图1-18)。美国已经实现了从制造业经济向服务型经济的转变，生产并且消费了更多高附加值、低重量的产品，如药物、个人电子用品等，货物运输在美国整体经济中所占的比重降低。此外，美国经济对国际贸易的依赖程度越来越高，货运的性质和目的地也随之转变。美国工厂和农场的产品正越来越多地销往国外，美国人所进口的海外制成品的数量也在增加。

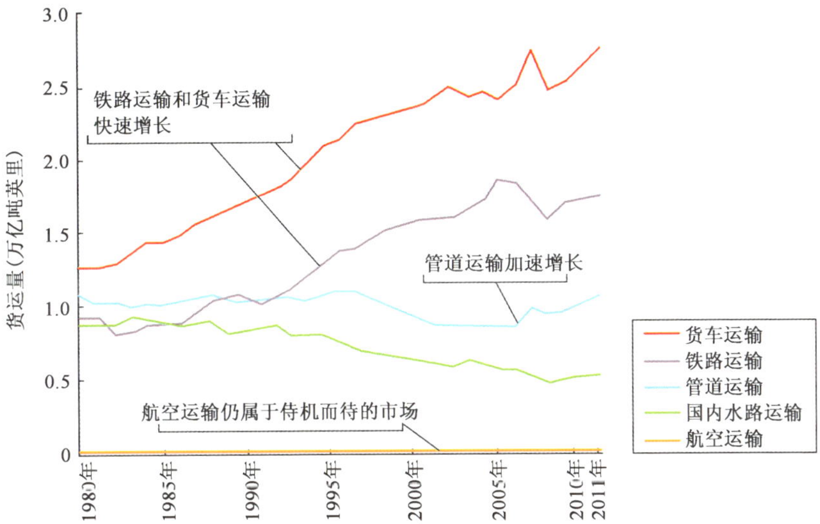

图 1-18　美国货运量统计图

数据来源：美国运输统计局。

据保守估计，在未来30年里美国的经济规模将会翻一番，货物运输的增长速度会低于整体经济增速，但也会有所增长。预计货车运输量和铁路运输量将增长45%左右；航空运输量则会翻两番，因为越来越多的高附加值产品需要被快速送达目的地；多种形式联运的运输量很可能会翻一番。总体来看，货运系统承载的进出口产品总量将会在未来30年内增长至目前的两倍多。这一发展趋势将影响到美国的海港和联运公司，因为美国75%的国际贸易都要通过港口来完成，而联运公司则负责港口和内陆目的地之间的进出口商品运输。

孟菲斯市前景展望:以货运为中心的区域经济

孟菲斯市是美国重要的货运和物流中心。五条重要铁路在这里交汇,众多铁路公司也在这里大力投资,建设了许多联运设施。这里坐落着世界第二大货运航空港孟菲斯国际机场以及联邦快递全球运营中心。孟菲斯市还有着上百家货车运输公司,许多在密西西比河上提供运输服务的驳船公司总部也设在这里。当地30%的就业都集中在运输业和仓储业。孟菲斯市运输行业进一步发展所面临的主要挑战是提升联运能力,缓解拥堵状况,同时也要尽可能避免和降低货运量增加给当地居民带来的负面影响。

1.2.2 货运量增加

整体货运需求的增长将使全美国的货运瓶颈承受更大压力。在2012 年,约有 1000 万辆货车横跨美国的高速公路,运输货物超过 130 亿吨。在全国最繁忙公路段中,这些货车正是造成其中 4500 英里公路交通堵塞的主要原因。

大量货运延迟形成了运输瓶颈,这严重限制了公路系统的性能和容量(图 1-19)。公路货运延迟最严重的地区包括许多重大国际贸易通道和交通枢纽,如洛杉矶、纽约和芝加哥,还涵盖了几个主要物流中心,如亚特兰大、夏洛特、达拉斯—沃斯堡、丹佛、哥伦布(俄亥俄州)和波特兰(俄勒冈州)。边境通道也受到困扰。在两个主要的墨西哥边境口岸，货车平均要花近一小时才能进入美国。

图 1-19　交通系统的现状和交通拥堵成本

各个运输系统都面临诸如运输能力限制和维修成本上升等困难。经过几十年的发展，铁路公司的基础设施成本不断增高，这些公司亟需突破这种交通瓶颈并加大运输量以应对增长的市场需求。内河航运业方面，船闸、大坝的老化造成船次延误，而维修成本却在不断增加。

解决芝加哥地区铁路货运瓶颈

芝加哥是美国最繁忙的铁路枢纽。这里负荷着约四分之一的全美铁路交通运输量，近一半的联合运输线路途经芝加哥或其周边地区。全美七家最大的货运铁路公司中，六家都在该地区营运。同时，芝加哥是城际铁路枢纽，也是除纽约外通勤者使用度最频繁的城市轨道交通的首发和终点站。由于美国铁路货运公司和城市轨道交通运营商共用轨道，随着客运和货运铁路运输需求的增长，列车班次冲突和延迟越来越严重。在铁路和公路交汇的区域，铁路交通量的增长加剧了车辆交通和行人交通的延误和安全风险。当今，火车可以在短短不到48小时内从洛杉矶港口横贯至芝加哥，而同一列火车也可以花30小时跨越芝加哥地区。

芝加哥地区环境和运输效率创新工程是一个投资38亿美元的合作型项目,项目参与者包括美国联邦运输部、伊利诺伊州运输部、芝加哥运输部、六家重要北美货运公司以及两家客运公司。项目参与者共同协作以解决芝加哥地区的铁路运输冲突,扩大铁路运输量,提高铁路运行速度及铁路系统的可靠性。这个项目内容包括分离六个主要枢纽的货运和客运业务,通过建设过街天桥或地下通道取消25个铁路/公路平交道口。同时,50英里的新轨道将连接各大火车站,创建第二条横贯芝加哥东西的线路,为高负荷的运输系统减负。从十几年前成立至今,这项工程已完成其在此区域规划的70个项目的一半。到目前为止,这些项目已将贯穿芝加哥铁路线所需的平均时间从48小时减至32小时。

高价值货物运输需求的增加限制了各运输模式对大宗低价值货物运输的供应。农业部门和自然资源部门倾向于将粮食和矿石等大宗重型货物通过水路、铁路和管道运输。这些产业通常以质量大、附加值低的货物为主要交易品,其运输费用占据货物总成本相当高的比例。

更高的货运效率可以帮助这些产业在出口市场上获得竞争力。例如,1美元农业产品最终通常需要约14美分的运输成本,而制成品和矿业产品则只需8到9美分。大宗货物运费的增加会提高消费者支付的价格,对当地特别是农村地区的经济造成负面影响,降低美国大宗货物的出口竞争力。在全球经济中,运输成本会对美国产品是否具有价格竞争力产生重大影响。

人口日益城市化也给货运的"第一英里"和"最后一英里"带来挑战。货运需求预计将集中在人口增长速度最快的大都市地区。几个人口大城的交通拥挤状况已经非常严重并有可能会持续恶化。人口稠密区货运需求的增加会使运送货物出港的"第一公里"和把货物从港口送达目的地的"最后一英里"更加复杂化,这通常是消费品供应链中效率最低的环节。

与货运相关的交通也会导致延误,同时给行人和急救车辆造成拥挤的路况,例如公路、铁路交叉口会导致长时间的延迟。车辆往返于港口和主要货运中心会增加当地道路交通量,其产生的噪声和空气污染还会影响邻近社区。网购的普及使货物运输中送货上门的比例大大增加,随之而来的交通问题可能会变得更棘手。随着城市人口和送货量的增加,向人口密集城市运输货物变得具有挑战性,也越来越重要。

偏远地区货运:关键环节

许多偏远地区依靠强大的多式联运网支撑当地的经济。尽管美国绝大多数货运是公路运输,但铁路往往是运输大宗重型货物较经济的基本方式,比如木材、小麦、煤炭和重型器材。内河航运也是偏远地区强大货运网的关键一环。作为最早的长距离货物和旅客运输系统,水运是运输粮食和铁矿类商品的实惠选择。货运在偏远地区所扮演的角色根据其主要经济部门是旅游业、制造业还是农业而有所不同。运输方式与农业产品的性质也有很大关系:

质量较大的粮食依赖水运和铁路运输,而特产或易腐的水果和蔬菜可能需要航空运输或连夜公路运输运往国内和国际市场。

货运对支持偏远地区产业至关重要,因为促进偏远地区经济增长所需要的原材料商品都依靠货运。精心策划的多式联运系统为公司提供机会,使这些公司凭借与主要市场和港口高效可靠的运输在偏远地区得到发展。位于偏远地区的联运设施和物流中心与位于城市或重要转运点的设施相比,成本更低。

偏远地区货运也向决策者提出了挑战。例如,铁路行业的重组导致多条支线停运,并不再向部分偏远地区提供服务,导致粮食等商品集中在铁路主线运输,增加了从偏远地区到粮仓所在地的公路运输量。途经偏远地区道路的货运交通量会增加当地的道路维护费而不是带来经济收益。这些问题都向偏远地区提出了挑战,而偏远地区解决此类问题的资源和灵活性都较为匮乏。

假设交通网容量未变,随着货车和客车车流量增加,与2007年的11%相比,2040年反复出现高峰期交通拥堵的地区预计将占全国高速公路系统中的37%(图1-20)。这将阻碍全国公路系统中21000英里路段的交通,并使另外40000英里路段路况不畅。

1.2.3 安全因素

向大城市运输货物需求的增加可能会导致货运及客运的冲突。

更多的货运交通量意味着更多危险品运输，比如原油运输，这会增加安全风险，但从发展趋势看，货运安全将会得到显著改善。

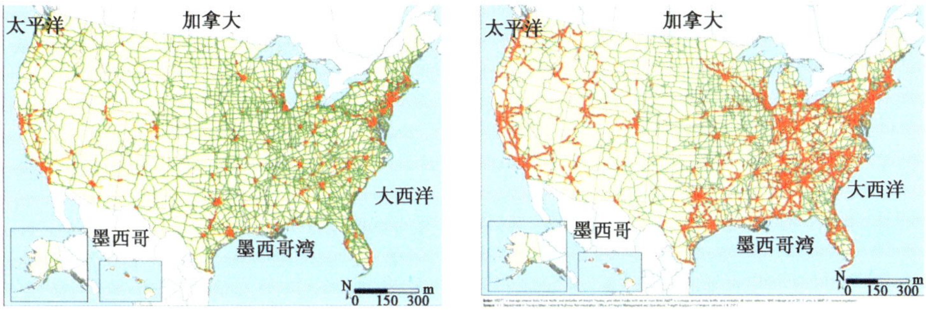

a)2011年　　b)2040年

图 1-20　2011 年和 2040 年全美公路系统高峰期交通拥堵情况对比图

绿色线——畅通；桔色——拥堵；红色——高度拥堵

货运事故约占全部交通死亡事故的 13%。在 2013 年，3944 人在大型货车事故中丧生。大型货车事故率低于客运车辆，但大型货车事故致死率更高。

在 2012 年，约有 600 人在铁路、水运和管道运输事故中丧生。虽然近几十年来货运交通不断增加，各种交通方式的死亡人数却几乎都在下降。新技术的应用和更优质的驾驶培训（汽车和货车驾驶员）有助于形成这种稳定下降的趋势。

据记录显示，铁路安全正在不断改进，在过去十年里，事故和脱轨率下降近 50%，死亡人数减少 12%。人为失误和铁道故障事故在所有铁路事故中超过三分之二，擅自进入铁路区和公路铁路平交道口事故占所有铁路死亡事故的 95%。精密列车调度系统的应用有助于提高铁路的运行安全。

2008 年之后，铁路原油运输量急剧增加。2008 年以前仅有不到 1% 的原油通过铁路运输，当今超过 10% 原油运输通过铁路实现。尽管如此,原油在所有铁路运输量中仅占不到2%。

最近,铁路油罐车脱轨事故引发了人们对铁路运油的安全和环境风险的极大关注。随着铁路运油量的不断加大,石油泄漏事故频有发生。在2013年,超过100万加仑(1加仑=3.785升)石油因脱轨事故发生泄漏,超过过去35年间铁路运输石油泄漏量的总和。许多铁路和公路运输公司、政府、工会代表密切合作,以期解决疲劳驾驶问题,强化安全驾驶意识,建立绩效风险管理系统并借此改善安全记录。长期来看,引进货车车联网技术以及货车和普通车辆自动化技术,将随着网络化发展进一步改善交通安全状况。

1.2.4 环境影响

市区运输量的增加会激化人们关于土地使用和环境污染的争论。在没有出台有效政策法规的情况下,日益增长的运输活动将增加温室气体的排放量并影响货运通道沿线社区居民的健康。公路运输、铁路运输、水运和空运成为不断增长的温室气体排放源。载货汽车运行里程约占公路运输里程的9%,但却占所有运输部门温室气体排放量的20%。其他交通运输温室气体排放量占总温室气体排放量的7%。

> 1990年以来,货运温室气体排放量(图1-21)增长速度是客运的5倍。

公路运输导致的空气污染在不同货运方式中所占比重最大。与普通汽车相比,重型载货汽车排出大量有毒空气污染物,包括碳氢化合物和氮氧化物。虽然公路运输在减排方面取得了巨大进步,但重型柴油载货汽车平均每行驶1英里,排放出2倍于客运车辆的碳氢化合物,15倍的氮氧化物。这些排放气体会影响人类健康,特别是对于毗邻繁忙货运通道的社区。

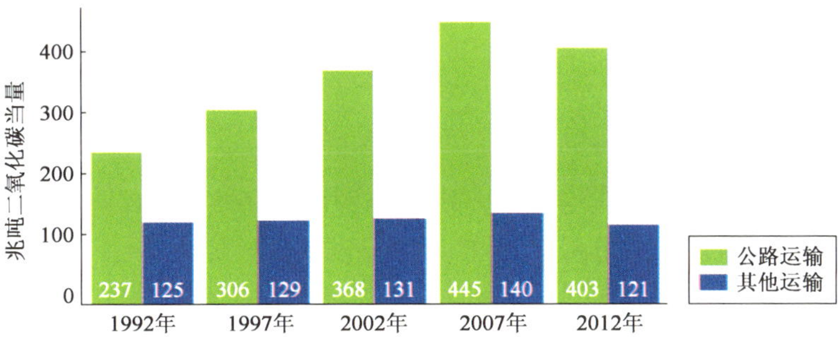

图1-21　货运温室气体排放

> 重型载货汽车占货运部门温室气体排放量增长的最大比例。

尽管货运需求有所增加,但新出台的排放标准、新的燃料能源和高效节能的联运方式将有效降低一氧化二氮和颗粒物的排放。自2006年美国环境保护局要求重型货车和公路用车使用超低硫柴油以来,货物运输过程中的一氧化二氮排放量显著降低。到2030年,货车的一氧化二氮和PM-10的排放量将分别比2012年降低56%和66%。使用新能源(如天然气和氢气)及使用轻质材料生产汽车等机械技术的进步将会减少各类货运设备的燃料使用量和废气排放量。同样,出台新标准,生产更多清洁高效的货车、轮船和飞机也将减少货运进一步发展所带来的污染物排放。

1.2.5 全球化

过去30年,国际贸易增速远高于全球整体经济增速。过去10年内,美国出口额几乎翻了一番。2013年,美国进出口总额达3.9万亿美元,占该年度美国国内生产总值的23%。

未来30年,全球化将进一步扩大美国的进出口规模。由于世界市场中95%的消费者都生活在美国以外的其他国家,加上中国、印度等新兴市场的崛起使得美国占全球GDP的比重逐年降低,国际贸易对美国来说将会变得更加重要,美国的港口、边境关口、航空港以及联运设施需要更加高效地运输进出口货物,在这方面美国也将面临更大的压力。

除了国际贸易货运量的改变之外,货运始发地和目的地也将发生巨大变化。海运仍将是国际贸易运输的主要形式,但主要的航运路线将有所改变。

历时10年的巴拿马运河扩建工程已于2016年6月26日正式竣工。目前,通过巴拿马运河的货物中有64%的货物始发地或目的地是美国,因此,运河的扩建将大大增加美国墨西哥湾和东海岸港口的货船载货量。运河通行状况的改善使得美国西海岸港口和南美洲加勒比海、太平洋沿岸港口的贸易更加便捷,从而增加美国西海岸港口的货船载货量。由于新一代货船体积更大,要在较短的时间内装卸货物,美国就必须克服港口拥堵和设施短缺等挑战,这一点将会在未来变得越加重要。北冰洋的冰雪正在逐渐消融,这为美国开辟了新的北极圈远洋航线。西伯利亚沿岸连接大西洋和太平洋的"北方航线"于2007年第一次实现通航。2013年,一艘丹麦货船通过连接着阿拉斯加和加拿大北极群岛的西北航道,实现了该航道的首次通航,这一航道可替代巴拿马运河,大大缩短运输距离。尽管这些季节性航线的货运量难以匹敌苏伊士运河航线和巴拿马运河航线,但它们提供了已有航线的可行性替代方案,给美国带来更多选择。然而,在经常性使用这些航线之前,美国还需要进行大力投资,建设沿线服务设施,确保船只通行安全。

日益增加的进出口货运量将使得货运港口和边境关口更加拥堵,导致运输延迟,成本上升,污染更加严重。目前,多式联运多集中在排名前 10 到 12 名的具有联运必备设施的深水港。美国进出口集装箱货物中有 85% 要通过 10 个特定港口来进行运输。

1.2.6 多式联运

多式联运运用多种运输方式来运送集装箱货物,在货运市场上增长最为迅速。多式联运如图 1-22 所示。

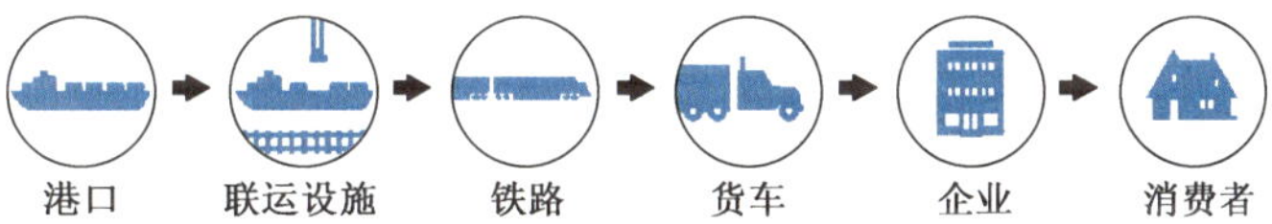

图 1-22 多式联运

一些国际贸易的货物运输不涉及美国的进出口商或美国国内市场供求,但也对美国货运网络的运载量和拥堵情况有所影响,这种情况被称为过境运输,货物经停美国被运往其他国家,并不参与美国市场的交易。一些外国运输商使用美国运输系统中的海港、航空港、管道、铁路以及高速公路,美国人将这些设施称为"路桥"。未来,北方航线的开通、巴拿马运河的扩建以及美国货运系统中持续出现的拥堵现象有望减少外国运输商在美国的过境运输。

美国多式联运集中于部分港口,这使得美国国际货运体系变得十分脆弱。如果安全事故使货物检验标准变得更为严格,报关港的货运速度也将减慢。劳资纠纷和自然灾害也可能影响到美国主要港口的运营以及整体国民经济的发展。

美国港口管理部门已经在更新设备和适应新一代货船方面投资了数十亿美元，主要用来疏浚海港、抬高桥面以及购买大型起重机。港口还需要满足高效联运的需求，以更快的速度将货物从船上转移到货车和火车上。此外，港口还需要进一步扩建、提高货运效率以获取更大的优势，从而与邻国发展日益成熟的深水港进行竞争。2014 年美国十大港口一览如图 1-23 所示。

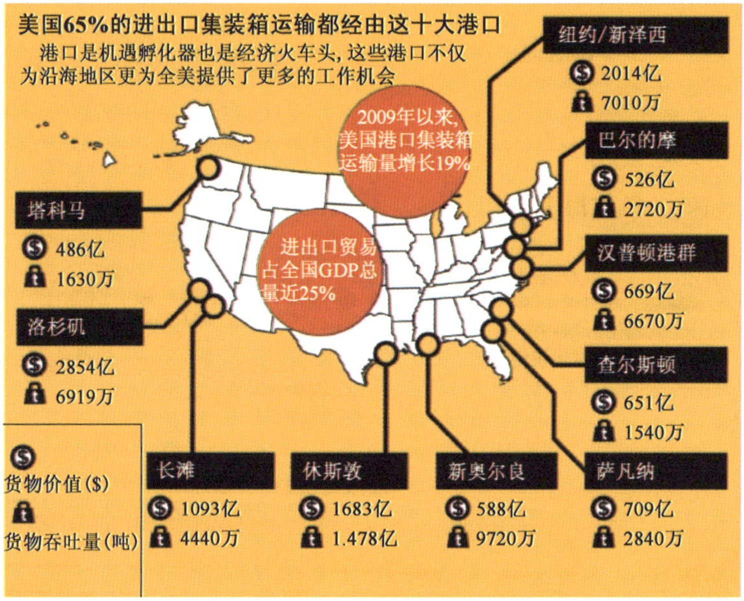

图 1-23　2014 年美国十大港口一览(按货物价值计算)

1.2.7　货运创新

1) 信息与通信技术的发展

随着信息和通信技术被应用于全球供应链的优化，货运业正经历着一场平静的技术革命。过去30年中,物流和交通的损失呈下降趋势,GDP走势与这一趋势息息相关,而技术和商业革新正在加速这一可喜的下降趋势。随着新兴优化供应链的出现,为了保证交通运输服务的可靠性,许多公司选择货运保险。

制造商和货运商越来越善于运用信息技术来优化运输过程。当下,私人公司正运用新技术来分析市场需求并迅速调节供应链。尽管这并不是个新创举,但强化后的信息系统为制造商和分销商提供了实时信息,这使他们得以更快地适应市场的变化。

私人公司也在改变他们运输货物的包装方式以期提高运输效率。集成配送是将散货运输和多站点运输整合到同一辆货车上,以此减轻公路的交通量。相同地,公司也运用移动通信科技将货车驾驶员同"最后一英里"配送订单相连,以填补货车可用的容量空缺。通过供需匹配,这些公司很有潜力能够提升独立经营者的效率。这些效率革新能帮助消除货运需求不断增长所带来的影响。

最近,数据分析系统、车辆与集装箱自动辨识系统以及卫星定位系统的技术进步提升了货运效率。这些技术可以在运输的任何时间节点找到一个包裹(甚至当这个包裹还在空运或陆运途中)并知道它将何时到达,这样通过处理设备,我们可以为跨模式货运安排更加高效的运输活动。

信息和通信技术的进步将改善物流公司和货运规划人员的信息收集和分析能力,使货运路线、出行时间、基础设施容量的分析更加精准和迅速。通过自动快速检查过程和更严密的安全信息监测,提升货运安全性能。

全自动或半自动化货车、货轮、飞机以及自动货物调动设备,预示着货运业即将迎来新的转型。自动化汽车不会突然出现在路上,但是能改进货运安全和效能的自动化功能已经被引进。比如,这些自动化功能包括一套结合自适应调速控制、自动制动、车道偏离警报、车对车通信设备的传感器系统，一辆货车上的传感器可以与另一辆货车上的传感器通信，半自动化货车可以离彼此更近地行驶以提高能源效率，多车连排或者货车队列就是一个很好的节省能源的例子。

自动化技术早已影响到港口。在世界主要集装箱港口，将集装箱从船只转运到码头、货车和火车的过程已经高度自动化，减少了对人力操作的依赖。美国主要集装箱港口需要继续投资自动化技术以提升自身竞争力。

自动化将会改变货运业的本质。高级自动化技术会提高货运业生产力，改变行业所需的技能。与驾驶、车辆保养、仓储、装运相关的技术将改变专业的发展需求及雇佣水平，这也将影响到交通从业者的平均收入水平。管理、维护自动化港口和车队需要高级机械工程师以及数据分析师，这要求技师们掌握更先进的技术，因而也要支付他们高于传统货运业者的薪水。

尽管一部分货运业创新看起来相当复杂，比如自动驾驶，但还有一些最富变革性的创新却非常简单。例如集装箱，已经成为联合运输的重要一环。自20世纪60年代集装箱代替传统散装货运被引进以来，集装箱几乎影响了货运交通系统的各个方面，包括货船的大小、集装箱船的设计、货运铁路的结构以及全球贸易的规模。

大量货物在船舶、火车、货车以及驳船间使用高效、高速的多式联运进行中转，这给运输部门带来了深远的变化。通过降低周转时间、劳动力成本、包装成本，同时减少货物运输过程中的损坏或盗窃，集装箱运输为规模经济、中转速度及生产力提高提供了便利，这一点在高价值、非大宗货品中体现尤为明显。由于使用集装箱，自20世纪80年代以来联合货运飞速发展，其中2000英里以上行程的运输量增长格外迅猛。

多式联运铁路运输量从 1980 年的 200 万增长到 2013 年的 1280 万(图 1-24)。

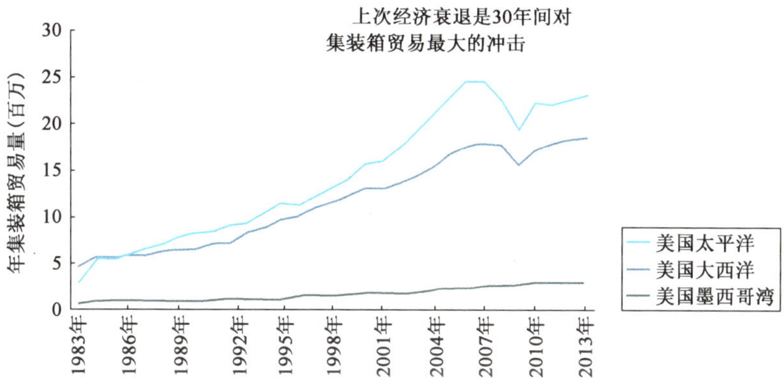

图 1-24　港口集装箱运输量稳步上升

随着集装箱化的出现,多式联运的无缝衔接得到更多重视,货运体系的效率得到明显提升。用于货物储存、装配、中转的多式联运设施越来越成为决定货运效率的关键因素。很多导致延误以及成本抬高的技术难点就出现在多式联运的中转点上,比如港口、铁路设备和配送中心等。

货运规划人员及决策者会更加重视联合运输物流枢纽,提高多货运模式之间的传输效率,减少对当地社区的负面影响。随着像轨道车集装箱双层堆放之类的技术不断推广,货运系统的容量和效率都将得到提升。

2) 国内能源生产力增强

美国正处于能源复兴阶段。由于技术进步,以前无法开采的天然气和页岩油储区都能以具有竞争力的价格得到开发,因此当下能源业正经历着前所未有的繁荣。尽管页岩油的开采已有一个世纪之久,但新技术的产生和全球能源市场的变化使页岩油和天然气进入复兴时代并更加有利可图。因此,国内油气生产量急剧增加,而能源从产地到精炼厂或消费市场的安全高效运输成为了棘手的问题。

2013 年,美国超过沙特阿拉伯成为全球最大产油国。

在过去三年里,美国国内石油生产量增长近 60%。美国现在每月生产超过 2.6 亿桶石油,达到了过去 30 多年的最高水平。美国国内页岩气生产量从 2007 年的 2 万亿立方英尺增至 2013 年的 10 万亿立方英尺。专家预测,2035 年前美国页岩气年产量将升至 13.6 万亿立方英尺,这些天然气足够每年为 2.04 亿户家庭供暖。在这样的能源繁荣下,自 2007 年起天然气和石油净进口量开始下降。据美国能源信息管理局预测,2020 年前美国将成为天然气净出口国(图 1-25)。尽管如此,未来能源业的发展,比如全球油价浮动或者经济实惠的替代能源发展,都将改变当下的石油天然气生产走势。

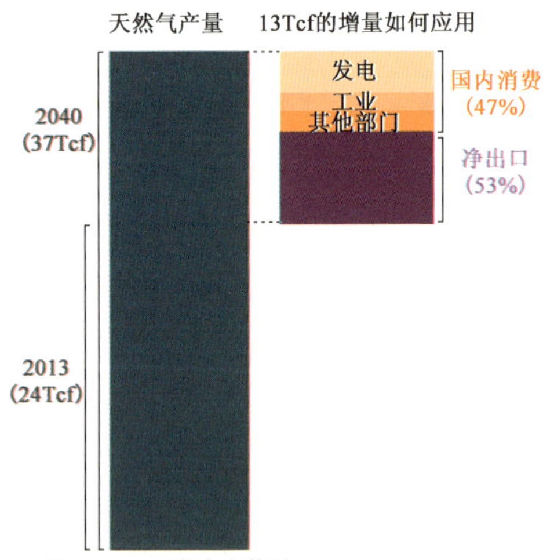

图 1-25　2013 年与 2014 年美国天然气产量对比图

高价能源产品已占货物运输每吨英里能源消耗30%以上。如果美国能源生产继续按照这个趋势发展下去，将深刻地影响交通系统。天然气石油业的繁荣为钻井、管道、建筑等行业创造了更多的工作机会，并吸引着更多的人来到产区发展（图1-26）。同时，这些地区正将前所未有巨大数量的天然气石油从产区运往全国的物流中心。因此，能源产区对货运的需求不断增加。重型卡车、钻井设施等其他生产设备的工业运输覆盖了宾夕法尼亚州、西弗吉尼亚州、俄亥俄州、北达科他州等许多地区的公路。

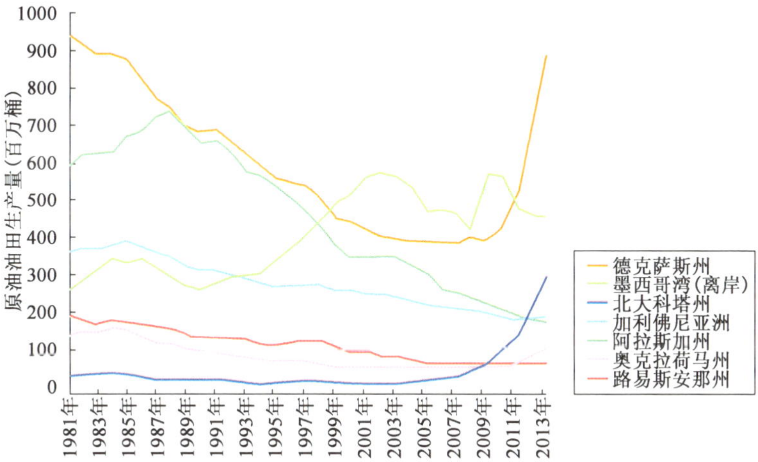

图1-26　美国各地区石油产量（1981—2013）

石油产地的转变增加了安全风险和交通基础设施维护费用。当前的石油管道网由美国联邦运输部管道运输和危险品安全管理局调控，主要面向到达墨西哥湾岸区精炼厂的进口产品，但并不包括把新的美国国内石油供应运输到东西海岸的精炼厂。

美国国内石油生产繁荣会增加对油气运输基础设施容量的需求。需调整这些基础设施来满足不断增长的油气供需。联邦和州政府机构需要应对由天然气石油运输引起的有关人类安全、自然环境风险等新挑战。更低的燃油价格会使公路运输、轨道运输和其他交通行业增加对压缩天然气(CNG)和液化天然气(LNG)这种经济实惠能源的使用来替代传统的柴油。

1.2.8 政策选择

货运业正经历着一场平静的变革。随着越来越多的货物通过多种交通方式跨越边界进行贸易,美国的经济越发融入全球化。这种趋势下,为了给进出口货物高效运输提供便利,国际口岸和多式联运中转站变得越发重要。物流供应链以及信息技术的革新使消费者和公司期待能有更快、更可靠、更灵活、更高效的货物运输。自动化技术有潜力掀起一场港口、火车、船舶、货车运营的革命。国内能源生产力提高,也对能源产品运输提出了更高要求。

随着全球经济竞争加剧与贸易模式转变,美国需要决定如何最好地将有限的公共资源投入到货运能力的强化中去,需要考虑在哪里需要多大的基础设施容量以及如何最大化利用现有的容量,同时要考虑到这些投资能够提供多大的公共利益,也需要考虑政府在其中应扮演什么样的角色以确保从业者掌握所需的技能和信息来保证现有容量和新兴技术的最高效利用。决策者需要同私人部门进行适当的互利合作,扩大运输容量,改善交通基础设施利用效率。

美国还需要考虑各地的政策、限制条件以及投资会给区域和全美货运网络带来怎样的影响。根据地区利益所做出的有关货运量的决定会导致区域竞争的出现,降低美国范围内的投资效率。各地有关重要货运网络的决策机制不同,地方政府常常为一些团体利益所捆绑,这些团体包括公共团体、私人团体、联邦性、当地的以及地区性团体,它们各自代表着一种或多种货运方式。

阿拉米达走廊是一条长20英里的立交式铁路，连接着洛杉矶市中心的铁路干线和洛杉矶/长滩双子码头，在该地区各利益相关方近20年的共同努力下，这段铁路最终于2002年投入运营，将原本4个小时的行程缩短为30分钟。

货物运输中最严重的拥堵现象通常出现在大城市周边、沿海货港以及大型联运中心附近，这些地区的货物运输量和旅客运输量都较大。随着人口增长和城市经济规模的扩大，货物运输将会给港口、道路、铁路和航空港周边地区带来更大的拥堵压力。各地区如何才能顺利应对愈发拥堵的交通，平衡货物、旅客、企业及当地居民的交通运输需求呢？

美国为了适应不断增长的国内能源生产作出了许多努力，也遇到了许多挑战，有过诸多分歧；在适应区域经济增长所带来的运输需求时，美国也面临着挑战和分歧。他们要严格权衡各方利益，尤其是在不同群体的社会目标出现冲突时。在相关法规和政策的制定过程中，决策者的角色尤为重要，需要谨慎权衡利弊，高效解决经济发展、公共安全和环境可持续发展等问题。

政府部门需要制定相关政策法规，应对他们所面临的挑战，增强美国货运系统的适应能力。在提高货运系统运输效率和降低货运发展的负面影响方面政府部门有以下政策选择：

(1)设立针对货运拥堵问题的货运战略基金。

(2)鼓励私人对货运基础设施进行投资。

(3)出台相关政策，转移运输需求，鼓励安全性高、可持续性强的运输方式的发展。

(4)收取拥堵费以管理货运需求。

(5)加大在港口和联运设施上的投资,提高联运效率。

(6)将货运规划纳入交通运输规划和区域经济发展规划体系之中。

(7)鼓励货运公司使用替代燃料和电动汽车。

(8)支持自动化技术的研发工作。

(9)对基础设施进行投资,以确保能源的安全、高效运输。

1.3 如何更好地运输

未来30年内,数据采集、计算机技术、航运系统、移动通信技术以及机器人技术的进步有望极大地改变人们的出行方式、货运方式以及提供服务的方式(图1-27)。日益进步的技术将会使交通运输系统变得更加安全、可靠、方便、高效,拥有更强的可持续性。交通运输领域许多最具变革性的技术都是自其他领域发展而来的,这些技术的应用原本并不是为了解决交通运输的问题。智能手机就是一个很好的例子。最近,一份杂志将智能手机称为"过去十年内交通运输领域最重要的创新"。

各级政府从科研、法规和政策等方面大力支持相关技术的发展,这些技术对交通运输领域都至关重要,其中包括GPS全球定位系统、互联网技术、节能型汽车、节能型轮船和节能型飞机。这些发明促进了美国的经济发展,给他们带来了更多的就业岗位并且提高了人们的生活质量。然而,政府所做的努力往往有一定的滞后性——往往不能及时采取最先进的技术,且常常给一些有益的创新设置无理的障碍。

技术的不断进步给政府提出了新的要求,各级政府需要适应和促进技术创新,并且对可能出现的创新进行预判。同时,新技术的出现使得人们对更加复杂体系的依赖程度升高,这要求政府必须认识到新技术可能带来的风险，降低这些风险的影响，确保交通运输系统能够安全运行。

图 1-27　交通部门越来越多地依赖数据进行决策，通过技术重新规划如何运输旅客和货物

本章将对在交通运输领域有变革性影响的技术趋势做出总结和分析。

1.3.1　新技术的产生

1) 全球定位系统

GPS 全球定位系统最初应用于军事领域，现在这一系统在交通运输领域已经有了广泛应用，从汽车驾驶员、骑行爱好者到远洋货轮，诸多运输主体都用GPS来定位,确定行程时间及路线。由于联邦政府的大力支持,定位、导航、计时等功能都已得到了广泛应用。

美国的GPS全球定位系统已不再是全球唯一的卫星导航系统,俄罗斯的全球卫星导航系统已经投入使用,欧洲的伽利略全球定位系统也将很快投入使用。中国、日本和印度等国也计划部署本国的全球定位系统。各国的定位系统与手机信号发射塔、无线网络信号结合,共同为用户提供定位信息。未来的旅行者将能够通过一台设备连接多个定位系统,进行更加快捷、精确的定位,这也意味着这些系统在功能上会有重复性,并不是所有系统都能发挥作用。目前,GPS全球定位系统为所有用户提供定位、导航、计时信息。

GPS全球定位系统给交通运输带来的好处日益增多。例如,驾驶员可以根据路况选择出行路线,乘公共交通出行的人也可以提前了解下一班公车或火车的到达时间;货运公司、公交运输系统和校车的管理人员可以利用全球定位系统对车辆进行实时定位,提高汽车使用率,挑选高效可靠的行车路线;正如目前阿拉斯加州的做法那样,飞行员可以利用这一系统进行导航,使飞机更高效、安全地飞行;在海洋运输中,全球定位系统可以对货船和集装箱信息进行追踪记录,提高港口的工作效率及安全性;铁路部门可以利用全球定位系统追踪、管理货物,有效管理列车;在货车安全管理方面,全球定位系统可以对货车进行移动式检查,降低其对固定检查站的依赖程度。未来,全球定位系统有望在无人驾驶汽车和自动化支付系统方面发挥更大作用。

数据采集和分析将会变得更加普遍,成本也会降低。各个机构和企业在做与运输相关的决策时,可以更便捷地获取、理解和使用所需信息。数十亿联网机器不断收集数据,其中大部分数据都对各种运输机构和货运、物流公司有所用处。

在"大数据"时代,政府机构需要加强对数据进行采集、存储、分析和报告的能力。

日益增多的数据来源及采集工具有望改善政府的工作,使其能做出更好的投资及运营决策,更好地设立标准,动员民众。例如,市民可以通过手机应用向当地部门报告坑洼路面的信息,使其能够尽快开展道路维护工作。公共交通工具、出租车和货车车队上的传感器可以帮助相关部门监控车辆的行驶路线和行驶速度,及时开展车辆维修保养工作。同样的技术也可以应用于飞机、火车和轮船。

在全球定位系统和智能手机的众多应用中都实现了自动化的信息采集和记录,取代了传统的发货方和承运方的人工记录方式。数据可以通过服务商来采集,也可以通过个人来采集。此外,包括骑行和步行在内的所有交通运输方式都可以用来采集数据。人们也可以在实地进行实时数据采集,例如,车牌扫描仪和无线信号侦测可以采集路况信息,使他们在模拟交通路况和需求时能够以更低的成本获取更大量的信息,这是传统的人工采集方式所不能比拟的。

开源软件和开放式数据标准使数据的共享和使用更加便捷。例如,人们习惯了共享公交时刻表和路线信息,这使得软件开发商和软件研发商可以和全球的公共交通部门展开合作。美国需要众多利益相关方和潜在受益人通力合作,共同定义公共部门在数据采集、数据格式统一和数据共享中的角色。

全球定位系统的广泛应用也带来了一些严重的信息泄露问题,数据的安全性和私密性将是限制交通运输软件未来发展的重要因素。实际上,无论是货运公司还是航空公司,任何需要通过保护数据私密性来保持竞争力的组织都可能不愿对外公布已掌握的数据。监管部门、研发人员以及其他数据使用者将会需要通过一些协议和体系来保护某些数据。如果一些机构想要利用来自个体旅行者的信息，那么它们就需要剔除这些信息中的个人特点，以防个人信息泄露，这一点至关重要。信息的恶意窃取和无意泄露都将降低来自公众的信任，使得人们难以继续运用现代数据学。

运输费用将会降低，费用的支付也将变得更为频繁、简单。无论是公车乘客兑换硬币乘车还是驾驶员缴纳过路费，交通运输系统使用费的收取往往是一个庞大复杂的过程。新的支付和收费手段将会减少排队时间，提高收费效率，使缴纳的费用能够更好地反映真实的花费。

这些技术有许多表现形式。用来收取车辆过路费的标准化内置无线电标签和公交乘客所使用的磁卡已经在全国各地投入使用，但是这些做法仍需通过一些特定的硬件来实现。通过手机应用和车牌照扫描仪来完成的无缝付款已经投入使用，其在实施者和用户群体中的受欢迎程度也越来越高。

> 乘客信息系统的广泛应用使出行更为便捷。

新的支付手段使交通主管部门能够找到以使用费为基础的、更具针对性的收入来源。目前的技术允许交通主管部门通过全球定位系统、智能手机、图像识别软件和自动支付系统，根据用户对基础设施的使用情况、尾气排放情况、磨损情况以及对交通拥堵的影响，对每个用户进行收费。燃油税、营业税和基本运作基金是较为基础的收费方式，而设施使用费的征收成本则相对较高。交通运输部门可以采取一些激励机制，降低人们对隐私问题的担忧，鼓励公民使用更加高效、针对性更强的自动化支付方式，比如有折扣的汽车保险服务，让那些使用行车记录仪记录自己行车安全状况的驾驶员可以享受更低价的保险服务。

目前，大多数美国人都可以连入互联网，一半以上的美国人拥有智能手机，许多车辆都装有车载电脑和 GPS 导航系统（图 1-28）。这些设备可以帮助人们获得清晰的地图、实时交通状况和最新的公交运营时刻表，帮人们决定出行的方式、时间和目的地。

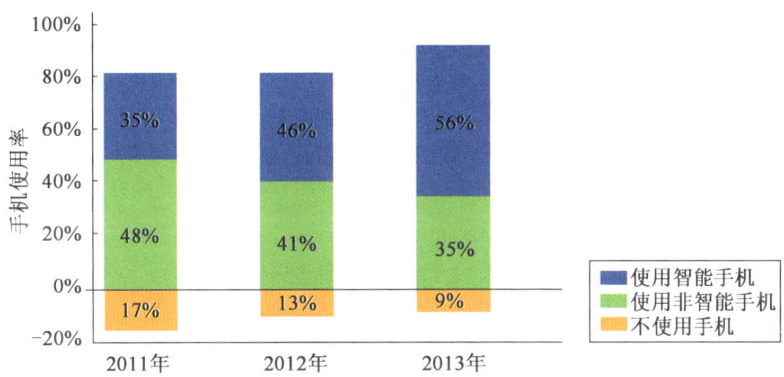

图 1-28　2011—2013 年美国手机使用率

智能手机相对开放的应用平台使开发商可以推出针对各种交通方式的应用。从按照导航前往最近的公交站到搭乘出租车，一系列出行方式都因智能手机的普及而变得更加简单。政府部门通过手机应用监控航空运输、船舶运输和基础设施运行状况，货运公司通过智能手机和平板电脑来记录驾驶员驾驶时长，对包裹进行跟踪监控。手机上的 GPS 全球定位系统也被用来采集和公开实时交通信息。智能手机在交通运输领域费用支付中的应用越来越广。

2)3D 打印技术

3D 打印技术有望降低大规模加工生产、运输和储存的需要，打破传统供应链并抑制进口增长。3D 打印技术是一项重大技术突破，该技术使制造商可以根据电子设计图,用激光束或挤压机一层一层地、精确地制造出三维立体实物。十几年前工程师们就开始使用3D打印机,近年来3D打印机变得更加精准,可用材料也变得更加多样。台式3D打印机已经开始在市场上出售,其价格也在逐渐降低,这使得3D打印机的应用有望进一步普及。3D打印机使人们能够以更低的成本、更快地制造出客户订做的个性化零件和产品(图1-29)。

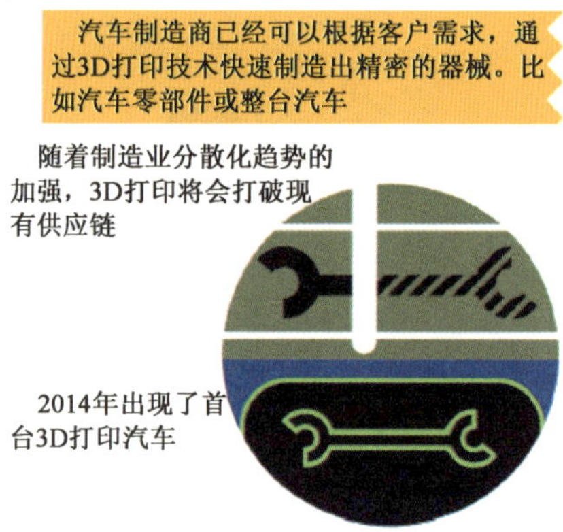

图1-29　3D打印技术

网络购物的兴起使企业得以绕开传统的实体店,3D打印技术则会使生产活动趋于本地化和分散化,3D打印所需原料的运输也会有所增加。在服务业领域,3D打印技术的发展会降低制成品的运输需求;在卫生保健领域,该技术有望被用来生产客户订制的助听器、支架和假肢;3D打印技术对电子技术、汽车制造和医药领域的发展也将产生巨大的影响,但这项新技术未来的发展仍是难以预测的,该技术的进步将会缩短一些急需的高附加值产品的供应链,大大降低航空货运的需求。

3)机器人技术

各运输领域都在不断推进机器人研发。机器人技术的进步在各个领域都有广泛应用。一项利用摄像机反馈来探测人类存在的算法已研发成功并用来保护工厂工人，这种技术被应用在运输平台的安保摄像机或自动汽车的感应器中同样有用。在军事研究、商业研究、学术研究中投入的数十亿美元资金带动研发出了商业化陆空无人操控车辆和船只。机器人和自动化技术研发将很大程度上改变运输业的运营（图 1-30）。

机器人技术进步在改变运输业的运营，也将影响未来运输业的劳动力

机器人将完成重要的运输业作业，比如重要基础设施的检查

图 1-30　机器人技术

地面自动化车辆的出现改变了运输公司作业和维修、使用舰队及多用途车的模式。许多跟建筑、道路作业和维修相关的任务，可以利用自动化车辆或远程遥控车辆完成。航空无线电塔专用自动攀爬机器人、自动铁轨测量仪、全自动管道探测仪都在紧密研发中，其中一些研究成果已经成功商业化。

自动化技术将会对各种运输方式产生潜在的革命性影响，提高生产力，改善安全性，提升现有基础设施容量。自动化技术还将对运输业劳动力产生深远影响，改变管理、操作、维护运输车辆和系统所需的技能。标准自动侦测车见图 1-31。

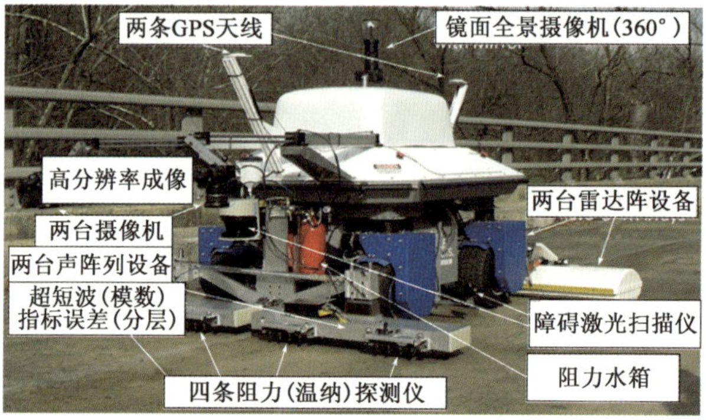

图 1-31 标准自动侦测车

1.3.2 各方式进展

1) 航空技术

下一代航空运输系统(次世代)使国家航空管控更加现代化(图1-32)。美国联邦航空管理局(FAA)负责控制和调节国家空域系统。"次世代"是早前陆地雷达定位系统到卫星定位技术的升级,人们希望它能提升航空的安全性和效率。尽管"次世代"的研发是一个长期而复杂的任务,但人们已经看到了它所带来的重大收益——"次世代"给飞行员和管制人员在某些机场提供了更多灵活性,降低对其他飞机的唤醒间隔标准,以此缓解繁忙大城市地区的拥堵。

新的技术、政策和流程会给我们带来很多益处,比如协调信息交换系统以及GPS航空检测和通信系统可以用来改善安全性。GPS系统能大大提高航空运输管控的精准性。出发地到目的地的航线将被规划地更直接、更高效,飞机将能飞行得更紧凑,这可以减少交通拥堵导致的堵塞和延误并提高效率。机载数字通信设备能改善驾驶舱同空中交通管制之间的通信,并加强信息的易获性。改善过后的航空导航流程已经被广泛实践，飞机能够消耗更少的燃料，航空公司得以节省资金，同时还减少了气体排放。但是我们需要知道，“次世代”的研发仍面临许多挑战。

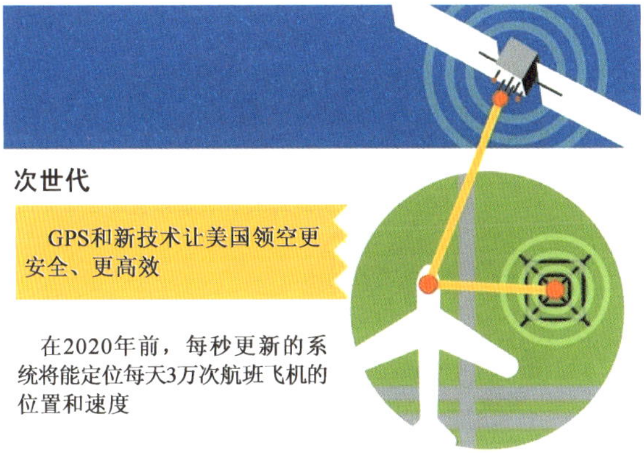

图 1-32　航空技术

商业航空运输将对公众开放。富裕的个人早在许多年前就能买票坐上俄罗斯“联盟”号火箭，但这太空巴士不仅航班班次不够频繁且要耗费百万美元，还需要经过几个月的训练。

新供应商争相提供更低价格和更多班次的私人太空航班，最终将这个曾经只是幻想中的交通方式变成了很多人触手可及的现实。老供应商将为重要的政府或私人部门提供实惠的交通工具，比如卫星。除此之外，太空旅游在不远的将来就有希望实现，现已有近1000张票被售出。美国各地都竞相抢占新兴市场并将公共资金投入基础设施建设以支持航空航天业发展。

最初投入使用的会是太空亚轨道旅行，行程中游客将体验几分钟太空景色和实感。对实现东海岸到亚洲两小时亚轨道航行的呼声也引起很多人的兴趣并吸引了不少研究基金，但是这项技术达到经济上的可行性还需要数十年的时间。人们希望亚轨道市场的成功最终能带动实现更长时间的轨道航班以及太空站参观。

无人机系统在商业领域广泛应用的时代即将到来。最近美国已经授权无人机系统(图1-33)的部分商业使用,包括北极管道检查及电影制作。

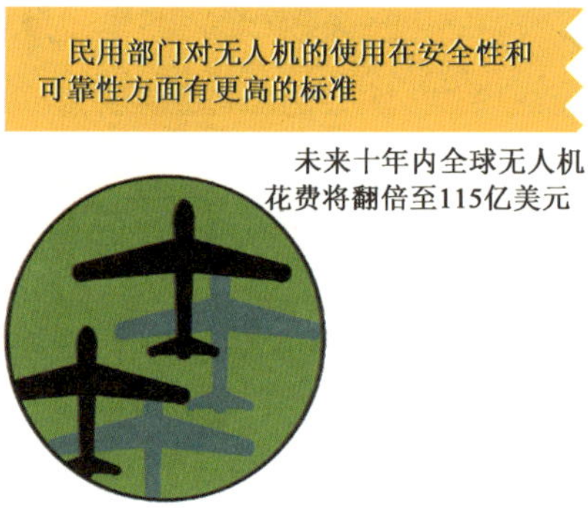

图1-33　无人机系统

民用无人机系统早期多用于远程感应和监测。装载量更大的大型车辆能实现更多功能,比如灌溉农场、勘测土地及基础设施,代替卫星向广大区域提供无线电覆盖等。

谷歌、亚马逊和敦豪快递公司已对无人机派送快递包裹进行多年评测。远程控制飞行员配送技术能在10年内实现向偏远及难以到达地区运送高值急需品。比如,无人机运输可以在自然灾害后向偏远地区运输医疗救急设备。在人口密集的城市使用无人机运输需要更加注意保密、安全和隐私风险,因此城市地区无人机使用的研发需要更长的过程。

2)海洋自动化技术

海洋自动化技术提高海洋运输效率的同时削减了船员数量规模。10年前大型船只需要雇佣25名船员,而在未来几十年操作同样的船只可能只需更小规模的船员数量。船员的削减减少了海运成本并给运营者提供了更多灵活性，但这也意味着船员更难快速应对诸如原油泄露、搁浅和海盗等的紧急事件。

虽然实现全自动化技术仍需数十年时间，但人们已经能看见未来的曙光。2014 年夏天，美国海岸警卫队引进了一项试点项目，此项目利用虚拟技术来导航而不是依靠物理性海洋浮标。虚拟技术导航为未来实现远程操控航船奠定了基础。同样地，内河航运业也正集中力量研发此类技术，并测试其在内河航运航船上的操作可行性。

2008 年，匹兹堡港获得"智能闸门"专利。"智能闸门"是一项合成技术，这项技术可以使拖船和被拖船只在能见度为零的情况下安全通过闸门。

自从自动化设备在港口投入使用以来，货船装卸货所需的劳动力大大减少。随着集装箱化的出现，更多货物中转已经自动化。这些趋势提升了货物作业效率并改变了港口工人所需的技能。技术进步也减少了运输成本并增加了灵活性，同时为更大型船只的操控提供了所需的空间。

3）铁路新技术

精密机车调度系统（PTC）是指一系列重要国家运输基础设施，包括高级可互用性技术，这些技术如能全面恰当地配置，便可有效阻止碰撞、出轨等安全事故的发生。精密机车调度系统利用无线电通信、卫星定位服务和其他一些技术不间断地接收和发送关于位置方向和列车时速的讯息，从而帮助调度员和乘务组有效安全地控制列车的行驶。

精密机车调度系统在全国铁路交通网中重要路段的使用是得到联邦法授权的。获得这项授权需要在 60000 英里一级优先货运铁路和 18400 英里城际客运和通勤铁路轨道上安装相关技术设备。使用精密机车调度系统的铁路必须运行超过 22500 辆机车，安装超过 48000 台无线电设备，能够调控 23000 个信号灯和道岔。这些铁路还要保证足够的无线电频谱并配备 22000 个无线电通信塔。这最后两项要求不仅需要联邦铁路局的正常监督还要得到联邦通信委员会的批准。如此大规模地使用可互用性精密机车调度系统可谓史无前例，但规模的扩大也由于任务的艰巨复杂性渐渐减缓。尽管铁路的建设在不断朝着精密机车调度系统的使用要求进步，但仍有许多技术和现实难题无法在联邦法规定的 2015 年 12 月 31 日截止日期前得到完全解决。

新兴技术不断出现被用于监控铁道健康状况并识别铁路网中需要格外注意防止出轨的位置。这些技术将被安装到列车操作系统中达到自动不间断监测。其他新设备被安装至轨道的一侧以监控每辆通过该轨道列车的健康状况。这些设备会自动分析性能趋势，因此需要得到注意的车辆会在车况恶化到安全标准以下之前停止提供服务并得到维修。

高铁技术的进步带来的列车提速给旅客出行提供了方便。除了未来几十年会在美国出现的高铁，磁悬浮列车是一项处于萌芽期的技术（尽管磁悬浮技术在一些国际运输体系中更成熟）。在拥挤的出行通道中，高铁可与空运竞争，减缓空运的拥挤状况并促进区域经济发展。仅在人口最密集的地区实现高铁铁道所需的投资就已经近数百亿美元。在加利福尼亚州对高铁的公共投资同对东北列车快线提速的投资一样，二者皆不断在向前迈进，但在其他地区人们还没能看到足够的公众支持。

4）机动车相关技术

三个不同却具有一定相关性的技术变革碰撞在了一起：可以提供

警报或有限自动控制安全功能的车内防撞系统,车辆连接技术——即车与车(V2V)以及车辆与基础设施之间的通信技术,以及自动驾驶技术。

车与车通信技术当下还在开发中,它可以实现临近车辆之间的位置信息互换并通过这些信息来警告驾驶员潜在的碰撞风险。许多新型汽车运用传感器防撞技术提供类似的功能(例如,盲点和正面撞击警告),车对车技术可以警告驾驶员感应器监测不到的可能撞击,比如盲区内停止行驶的车辆或者处于盲点交叉区的行驶中的车辆。

车辆对基础设施通信技术实现了交通信号灯等基础设施同车辆之间的通信。车辆对基础设施通信系统可用于向驾驶员发送天气状况、交通状况、即将驶入工作区甚至地面凹坑的警告。这项技术也可以带来一些运营和监管上的便利,比如无线路侧检测以帮助货车驾驶员识别停车位。车辆对基础设施通信技术还能通过协调信号配时和改进停车信息系统来改善城市地区的交通量。通过获取从车辆连接系统收集来的交通流量、速度和其他车况的详细实时信息,交管中心能够更快对交通事故做出反应。

车辆连接技术的应用给公共部门及其私人合作方在技术和政策上带来极大挑战。包括建立无线系统的标准和架构以及使用能实现车辆对基础设施通信的系统。车辆对基础设施通信系统的使用需要对安装维修路旁设施进行大量投资。政府和汽车制造商合作研发车对车系统并将之投入使用,但是技术、法律、管制方面仍存在挑战。直到路上更多汽车配备相似系统,车对车通信技术的益处才能得以全面实现。

机动车自动化有可能并且具有为地面运输带来革命性变革的潜质(图1-34)。人们正生活在一个快速变革的时代,这个时代里人们对于机动车的性能有了更高的期待。自动化车使用GPS和传感器系统,包括用摄像机、激光和雷达来导航指路。其中部分的驾驶功能,例如车道引导、自适应巡航控制系统、自动制动等早在多年以前就已经被应用到豪华车中了，而且这些技术将会在未来被应用得更加广泛。随着数亿投资于研究和开发自动化功能的私人和公共资金，在不久的将来这些技术将变得越来越普遍 。

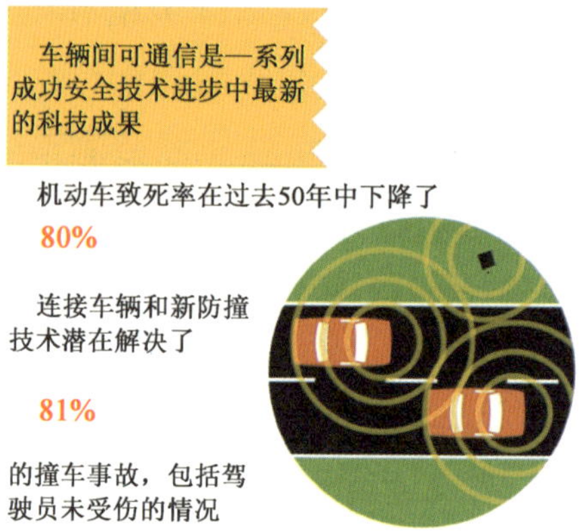

图 1-34　连接车辆

新兴技术保证了车辆自动化的延续，从没有主动控制系统的车辆到全自动汽车皆是如此。

自动化车辆有改变我们运输系统的潜力。但仍有尚未解决的问题，例如成本因素和排放影响等。纵使如此，自动驾驶车辆可能会产生很多好处，其中包括：

(1)极大程度上减少撞车事故的发生，因此车辆的安全性能、行车时间以及减少跟事故相关的交通拥堵都有所保障。

(2)使用道路实施规划系统，行车时间和可靠性都有所保障。

(3)提高现有基础设施容量，以容纳由于同步交通流量的压力而产生的更多车辆。

(4)年轻人、老年人以及残疾人可选择的便捷交通方式。

(5)减少运输货物过程中的费用。

(6)将原本花在驾车上的时间去做更丰富与娱乐性强的活动。

研究表明,超过90%的事故可以归咎于不安全驾驶。分心驾驶、超速、鲁莽驾驶和酒后驾车等不安全驾驶行为是导致死亡和重伤的常见因素。除非车辆自动驾驶可以完全实现,否则分心驾驶仍会成为事故发生的一个主要因素,因为驾驶员在驾驶过程中接收到的来自车载系统和便携式电子设备的信息会越来越多。我们必须加强对于这些信息的管理来保证行车安全。

2012年,全美国有32719人死于交通事故,231万人受伤。最终,车辆自动化功能可以防止许多由于不安全驾驶造成的车祸,挽救成千上万的生命。倘若能有效阻止车祸惨剧的发生,除了减轻家庭的伤痛,也将大大降低巨大的社会成本。逝去的生命、住院、请假以及财产损失,每一年都会耗资数千亿美元。

根据美国公路安全保险研究所的数据,如果所有的车辆都有前部碰撞和车道偏离警告、盲点辅助、自适应前大灯,那么约1/3的致命车祸,1/5的伤害事故是可以预防的。

减少一大部分车祸也意味着减轻交通拥堵的压力。当下交通事故造成的交通拥堵占总量的1/3。机动车造成的交通堵塞也是造成燃料浪费和环境污染的罪魁祸首。假如汽车能够具有预测制动和加速的能力,那么将会节省一部分额外的燃料以及汽车保养的花销。

自动制导车辆能够使车辆彼此之间行驶更紧密些,从而提高高速公路的行驶速度和能力。一个全自动制导车辆可以提高5倍的高速公路行驶速度。在市区,自动化可以提升停车能力,包括货车停车场的应用程序已经投入使用,并已开始在减少排放、提高效率方面取得成效。

自动化可以极大地增加按需用车服务的使用,并降低人们对拥有一辆汽车的需求。这可能会改变中转服务。自动化汽车可以降低运输的运营成本,从而为航线的扩张提供机会。轨道交通可能在高度密集的城市和中央商务区的需求度很高,但其他的铁路和巴士服务由于自动车辆出行相对方便的缘故在旅客出行中占的份额将有所下降。另一方面,按需服务提供与铁路和其他交通服务协同工作,使长途运输服务实现更高效的连接和最后一英里服务。在自动车辆和大数据的时代,中转代理模式可能会获得有补贴的按需汽车服务以及灵活的按需路线规划服务。

一辆由卡内基梅隆大学开发的自动驾驶汽车给出了自动驾驶汽车所有可能的性能展示(图1-35)。

或许,从用户的角度来看自动车最大的好处是节省时间。美国人平均每天花费差不多一个小时驾驶,而自动驾驶可以腾出大部分的驾驶时间。

通过使驾驶更容易和方便,自动驾驶可以增加"驾驶员"的数量,以及驾驶的英里总数。自动驾驶车辆也可以使残疾人士、年轻人和老年人驾驶更方便。目前,约超过三分之二的人持有驾照。其中,5万~10万人由于残疾原因并不开车。

自动驾驶也可以改变人们的居住地以及他们愿意去旅行的距离。这可能会导致远郊区落户的增加,以及农业用地和空地使用的减少。

交通量的增加也会提高基础设施的维护需求,并抵消运输效率的提高,从而增加更多的尾气排放。然而,由于车祸事故风险降低、汽车还可以更轻些,从而会减少燃料消耗。较重的车辆可以自动规划出那些更适合轻型车行驶的路线从而减小对道路的伤害。因此,在维护和排放方面的总体影响是不确定的。

摄像机

是一种性价比较好的传感器，相机数据可以很好地检测车道标线、标志和交通信号灯相关的质地颜色等的数据

激光雷达

激光雷达传感器可以准确地检测出车型、行人、路缘、不可驾驶区域以及其他结构

雷达

检测障碍物位置和速度。雷达输出的数据通常不足以判断障碍物的形状

中央处理器

四个计算机内核装入计算机的主线路用于分析传感器输出的数据。当驾驶人开启控制开关时，将控制整个车辆

传感器能检测的数据

形状 颜色 速度 距离 | 形状 颜色 速度 距离 | 形状 颜色 速度 距离

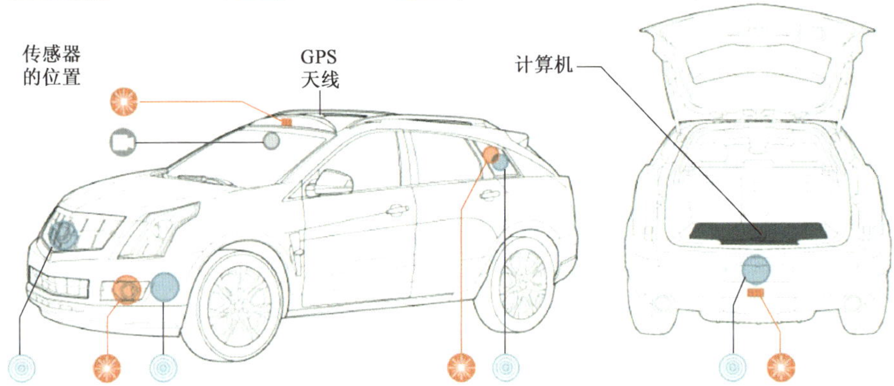

车辆如何在路上行驶的

计划路线

根据新用户现在的位置和目标位置、影响汽车速度的限制因素、交通灯、停车信号、变道以及其他信息，车辆可以自动归纳出一条合适的路线

避让行人和自行车

车辆可以检测到正在过马路以及因其停下的行人。它也可以检测到骑自行车的人，与其保持一个安全的距离并寻找机会变道或者绕道而行

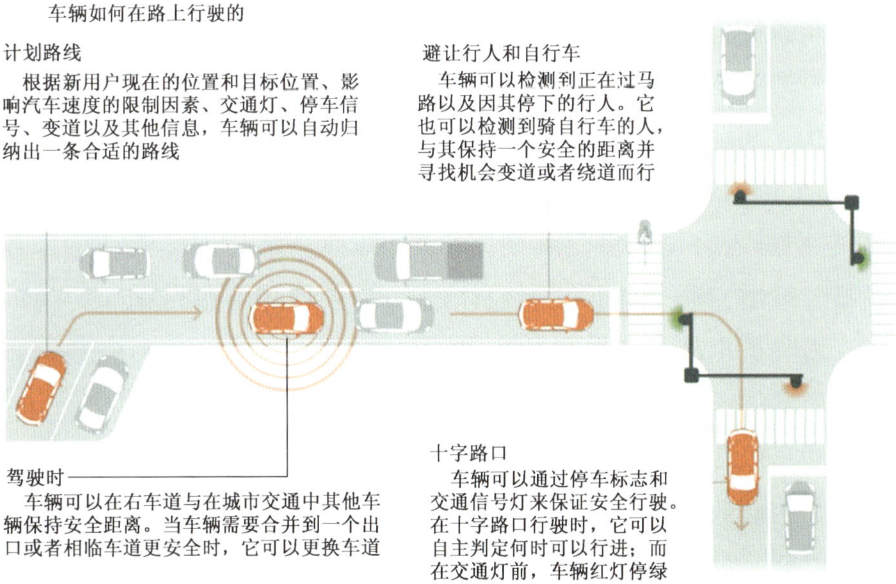

驾驶时

车辆可以在右车道与在城市交通中其他车辆保持安全距离。当车辆需要合并到一个出口或者相临车道更安全时，它可以更换车道

十字路口

车辆可以通过停车标志和交通信号灯来保证安全行驶。在十字路口行驶时，它可以自主判定何时可以行进；而在交通灯前，车辆红灯停绿灯行

图 1-35 自动驾驶汽车性能展示

许多人预计,在未来十年车辆自动化水平将逐步提升。未来几年,在有限访问权限的公路上自动驾驶将会成为豪华车的一个选择。汽车的全自动化将会在未来20年之内实现,这意味着不再需要驾驶员引导或调整的速度。

尽管该技术存在可行性和潜在好处,但更广泛地采用自动化的车辆仍存在许多的障碍,包括:

(1)汽车的高花费。

(2)公众安全以及个人隐私。

(3)尚未解决的监管和法律责任问题。

(4)安全隐患。

至少在最初,自动车的性能往往是要价不菲的,并且将有可能被首先引入到奢侈品市场。自动车普及可能将会推迟直到成本降下来。公共机构也将需要确定如何调节自动车辆,以确保他们的安全。新的性能标准,将需要确保自动化系统必须具有识别危险和避免在各种情况下碰撞的能力。其他标准将需要确保系统不受外界干扰的可靠性和安全性。问题比比皆是:如何使自动化车辆被许可?如果出现车祸,自动车辆的法律责任该如何来确定?由于自动车辆对信息系统的依赖,它们是否会很容易受到网络攻击,抑或甚至是否可能被用来作为武器?最后,有一个问题仍然存在,如何去管理那些自动车产生的信息?驾驶员也许会在信息的产出、所有权以及共享车辆行驶数据方面存在隐私的担忧。

自动车的广泛采用将会在几乎所有方面对运输产生变革性的影响。整个的商业模式和行业将被创新,机器人出租车和无人驾驶货运将成为可能。是否会对社会产生更广泛的影响是有争议的,包括对于环境影响的不确定性,是否自动车辆将减少土地使用或使土地利用模式改变。直到全自动化的车辆在商业上可行并且广泛使用,这些问题可能才有答案。

1.3.3 技术与安全性

许多新兴技术运用到运输领域可能有重大的安全性能优势,当然在某些情况下,它们也可以创造新的漏洞。“次世代”系统的安全操作、正确的列车控制以及智能交通系统中的所有安全运行依赖于安全可靠的数字通信基础设施和系统。从理论上讲,实现对常规列车信号系统的攻击可以在世界上任何地方的互联网上进行。例如,一个在波兰的青少年可以侵入电车系统,导致多个出轨事故。黑客频繁进入高速公路动态信息标志是电子系统脆弱性的很好例证。阻止这些攻击将是运输机构和公司的一个重大挑战。

运输服务过多地依赖于 GPS 技术和操作是未来存在的风险。服务的干扰中断可能是由于天气、需求过载、黑客的干扰和欺骗等原因造成的。负责全球定位系统的政府机构和依赖于这些系统的运输公司,它们需要考虑如何减少服务中断带来的风险。

增加车辆、船舶、火车和飞机的自动化程度也可能会降低事故发生时控制器对事件做出反应的能力和意识。我们已经看到一些典型事件,由于过度依赖自动化功能所导致安全故障,如韩亚航空公司 214 航班在旧金山国际机场坠毁。运载工具上的庞大信息流也可能导致操作分心从而增加失误风险。最后,提高自动化和互联系统的复杂性可能增加安全检测机制提前报告潜在缺陷或漏洞的难度。

新技术将有助于建立一个更安全、高效的交通运输体系,而日益复杂和相互依存的系统也呈现出一定的脆弱性。要确保这些系统的安全性,必须全盘考虑整个运输企业的安全问题,从系统工程建设,到系统管理员风险管理,再到培训系统操作员和认证等。各国政府之间的合作也将是打击违反安全的交通运输相关系统必不可少的一个措施。

持续的发展需要在交通研究和开发活动上保证持续的公共和私人投资。联邦政府可以在支持和促进创新,以及保持美国在新技术的最前沿位置发挥关键作用。投资于交通运输研究的美国联邦资金已经从1971年的峰值占GDP的0.07%下降到0.01%,这些研究在汽车和航空安全领域带来了一系列突破,比如连接汽车技术和下一代航空运输系统等。它也推动了替代燃料技术的发展,比如充电站的电动车,改善道路设计和交通管制已经拯救了无数生命,并且创造更耐用、可以大幅降低重建和修复费用的路面。通过对研究的投资,美国联邦政府进一步明确了培养下一代运输专业人才所面临的挑战,以便如何应对这些挑战。相关研究还可以帮助公众和决策者充分了解新技术的潜在好处和风险。

立法和规则制定步伐缓慢可能限制了交通运输方面的创新。迅速发展的技术要求政府具有更高的灵活性:规定也许是必要的,但是为了推动和鼓励创新而不是阻止它,当新技术实施时政府还必须确保将安全摆在首要位置。随着创新的不断发展,我们将面临新的挑战,必须明确哪些事情可以做。

公共机构扮演了多重角色:从研究人员到监管机构,从用户到开发者。这需要一批才华横溢的人才,但吸引和留住这样的员工也对我们提出了重大挑战。这意味着交通部门必须雇佣在新学科领域具有专业知识的员工。这需要在招募和培训时注重非常具体的技能,或者至少确保合同是为这些精确的技能而制定的。这可能会导致一定的困难,因为交通部门并不是劳动市场上唯一的雇主,对于那些最优秀员工工资的竞价已经非常激烈,尤其是那些迫切需要特定技术的职位,比如说软件工程师。

从国际角度上来说,美国政府需要确保外国政府没有制定对于美国技术来说不公平的规章制度或者产品标准。另外,由于国际贸易本身激烈的特性,如果美国政府想维持开发这些技术的全球领导地位,保留和这些技术相关的就业机会,就应当建立配套的制度和政策,以辅助产业的发展。

政策性决定将会把这些技术和数据,不断纳入美国已经很复杂的交通系统。决策者可能会考虑各种政策选择,其中包括:

(1)一个鼓励而非阻碍创新的监管框架,并确保整个交通系统的安全性。

(2)培养技术相关行业的主动参与,以协助公共部门预测未来的技术改进。

(3)以物质激励那些在科学、技术、工程和数学领域优秀的交通专业人才。

(4)隐私以及网络安全的要求是在考虑和采纳新技术过程中已经充分讨论过的问题。

1.4 如何应变

全球气候变化带来了更强烈的风暴以及更高的平均气温。2014年是美国有记录以来气温最高的一年。干旱和洪水发生的频率更高,破坏性增强。科学界一致认为,这些变化发生的原因是人类向大气中排放了过多二氧化碳以及其他的吸热气体。

这些变化给我们的经济、健康和基础设施都带来了巨大的损失和灾难性的后果。虽然我们难以将气候变化和某些具体的气象灾害联系起来,但气象灾害的整体趋势令人担忧(图 1-36)。1980 年以来,带来数十亿美元损失的气象灾害的发生频率每年升高 5% 左右,造成巨大的通胀压力。据估计,仅 2012 年,美国气象灾害带来的损失就超过

1000 亿美元。现在，一个多世纪以来最严重的旱情在加利福尼亚州持续蔓延，在这场干旱中美国已经损失了 20 亿美元的农产品和 17000 个工作岗位。

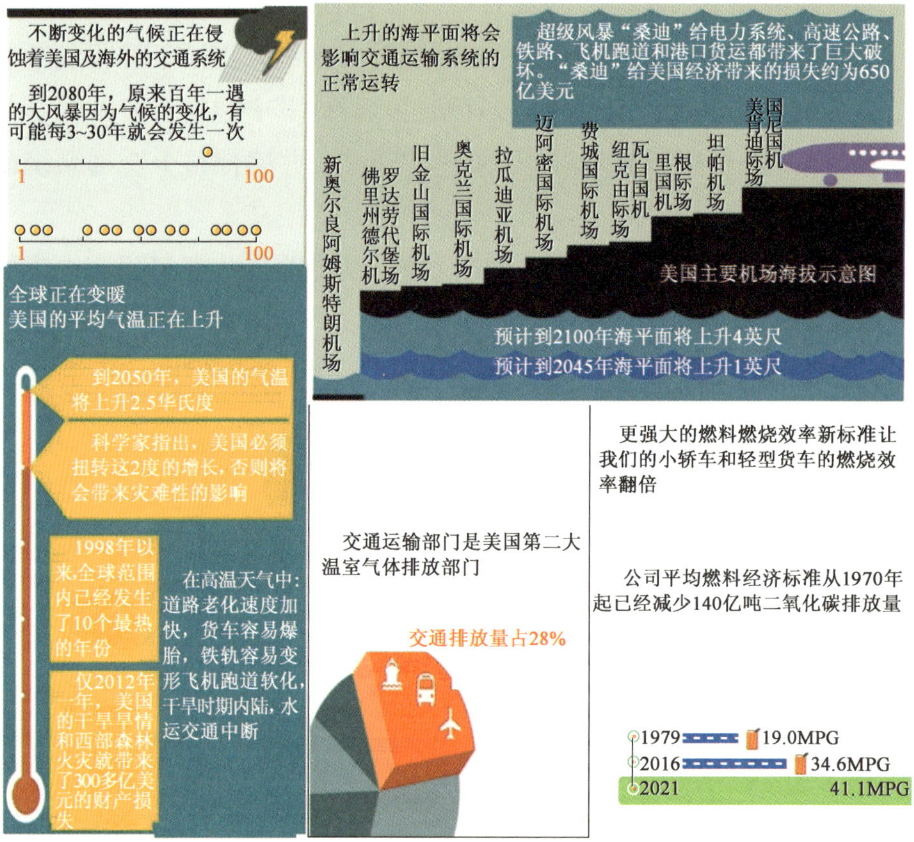

图 1-36　气候变化带来的影响

道路、桥梁、隧道、铁路、机场、航道以及港口等交通运输基础设施在风暴、不断上升的海平面、干旱和极端气温条件面前显得极其脆弱。随着这些气象灾害发生频率的升高，基础设施的脆弱性也变得更加明显。例如，2012 年飓风“桑迪”给纽约具有百年历史的四条地铁隧道造成了 7 亿美元的损失，之后几年里这些隧道的修复工作会使地铁不能正常运行，给乘客带来极大不便。

2012 年，交通运输领域所排放的温室气体占美国温室气体总量的 28%，是仅次于占总量 32% 的电力领域的第二大温室气体来源。交通工具制造和基础设施建设过程中所排放的工业气体也增加了交通运输领域所排放的温室气体占总量的比重。

然而，交通运输领域也取得了巨大的进步——有助于节能减排的新能源、新型交通工具和新政策日益增多。有望大幅减少汽车、火车、飞机和轮船废气排放的新型燃料日益增多，新型交通工具的燃油效率越来越高。此外，与过去十年相比，美国人人均驾车里程有所减少。最近，我们数十年来第一次提高了汽车燃油标准，也第一次设定了货车的燃油标准。这些规定有望在未来十年内将车辆燃油效率提高 50% 左右。

美国需要新的政策、规定、激励措施和市场力量来减少废气排放，也需要更多的替代性燃料和新型运输工具的研发。此外，决策者和规划人员还需采取措施打击能源密集型的土地利用模式和交通运输方式。

在大幅减少自己的环境足迹方面，无论是出于费用还是个人喜好的考虑，美国的下一代人将选择与这一代人极为不同的生活方式。然而，单靠技术进步、市场力量或是后人观念的进步还是不够的，人们必须将各类措施结合起来才能真正解决气候变化问题。

实施新政策是有困难的，但是这些政策有望减小气候变化在经济、社会和环境方面的长期影响。本章将会探讨气候变化给交通运输系统带来的影响和我们在应对气候变化方面所做的努力。

1.4.1 气候变化

人类活动向大气中排放了大量的二氧化碳和其他吸热气体，使全球气候发生变化。为汽车提供动力的汽油、家庭供暖的燃油以及用来发电的煤等燃料的燃烧都会带来碳排放,碳排放使地球表面气温升高,海水酸性增强,气候状况改变,威胁到各物种的生存和粮食的生产。

气候变化带来的剧烈气温变化会破坏我们的基础设施,使这些设施的可靠性降低。每一次重大天气事件都会给我们的陆路、水路和航空运输系统带来破坏性的影响,导致运输延迟。每次强风暴过境之后,交通运输部门都需要面对巨大的财产损失和生产力损失,需要紧急采取一些临时措施对基础设施进行补救,这样的灾害也会给通勤的人带来不便。

1) 气温升高

据预计,到 2045 年,美国大部分地区的平均气温将升高 1 ~ 2 华氏度。虽然这在大家看来只是很小的升幅,但是 1 ~ 2 华氏度的气温升高将会带来巨大且广泛的负面影响。热浪来袭的频率将会升高,美国北部将变得更为潮湿,而南部和西部将变得更加干燥。由于冰川和极地冰的融化,海平面也将会上升(图 1-37)。

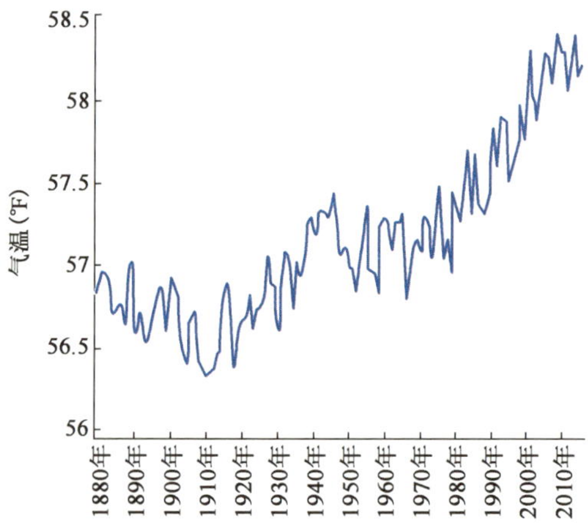

图 1-37　全球海陆气温指数(1880—2010 年)

平均气温的升高将增加各种交通运输方式的维护成本。高温将加快道路和飞机跑道的磨损速度，铁轨也更容易出现问题。高温条件下，重型货车更容易爆胎，人们也需要使用更多的冰柜来保存易变质的物品，这使得运输成本进一步升高。气温升高还将导致更为频繁的航空管制，尤其是在高海拔地区的机场。极端高温条件也会影响飞机的正常运转，仅2013年一年，菲尼克斯机场就有十多班民用航班由于气温过高而被取消。

气温升高可能会使铁轨变形，导致列车脱轨，这种情况十分危险，会带来极大的损失，增加铁路维护成本，导致列车延误。2010—2013年，极端高温所导致的铁轨变形和其他故障带来了超过7700万美元的损失。此外，极端高温也会加速水分蒸发，降低五大湖地区和美国内陆航道的水位，降低其适航性，从而减少货船载货量，增加运输成本。

2）极端天气事件

气候变化会带来更为频繁的极端天气事件，如暴风雨、龙卷风、飓风等，破坏基础设施，降低交通运输系统的可靠性（图1-38）。1950年以来，全球范围内大风暴发生更加频繁，其中包括剧烈的北方冬季风暴和更具破坏性的飓风和热带风暴。预计至2045年，全球海平面将会上升6～12英寸。海平面上升和极端天气事件的频发会使得低洼地区的基础设施更容易受到风暴潮所带来的洪水影响（图1-39）。此外，由于一些桥梁在设计上不能适应更高的海平面，轮船在桥下的通行也将受到影响。

美国大部分交通运输基础设施都能够承受百年一遇的风暴，这种强度的风暴每年发生的概率为1%。然而，到2045年，该强度的风暴将会更为频繁地发生，人们也会面对更多天气所导致的运行中断问题和设施修复工作。面对由风暴和海平面上升带来的洪灾，大家将不得不重新安置或者弃置一些隧道、地铁站、低洼地区的道路、铁轨以及海上运输设施。气象灾害发生之后，政府部门需要拨款来重置、修复交通运输基础设施，这也会使一些设施被迫关闭，使人们不得不绕道出行或无法出行。

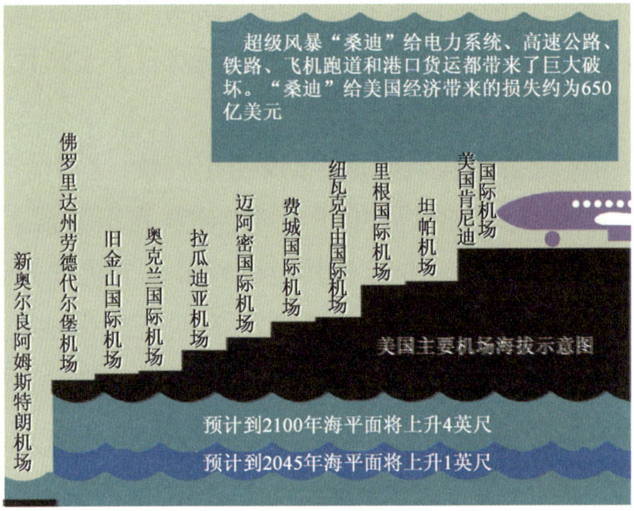

图 1-38　上升的海平面对交通运输系统正常运转的影响

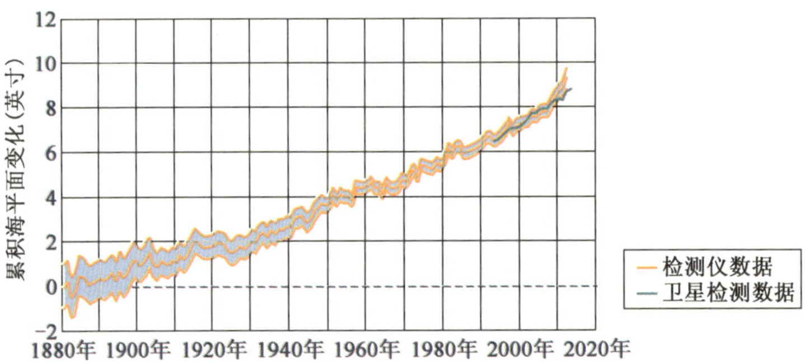

图 1-39　全球海平面绝对变化平均值（1880—2013 年）

美国有 6 万英里的沿海公路受到暴雨和风暴潮所带来的洪灾威胁。低洼地区的公路设施在风暴潮面前显得尤为脆弱。2005 年飓风

“卡特里娜”过境时密西西比州圣路易斯湾沿岸曾出现高达27英尺的风暴潮，该地区的道路、桥梁以及铁轨均被冲毁，受灾情况严重。

海平面的一点点小变化也会使我们的基础设施变得更加脆弱，对于那些不常受风暴潮洪灾影响的地区来说更是这样。比如，由于墨西哥湾沿岸飓风发生的频率较高，那里的基础设施在设计上对风暴的抵抗能力更强；而旧金山和纽约飓风发生的频率较低，那里的基础设施对风暴的抵抗能力相对较弱。

由于桥梁往往横跨或者临近不同的水体，它们极易受到风暴潮的破坏。大浪会给桥梁结构带来巨大压力，动摇桥墩，改变桥墩距。风暴潮也可能会使碎片、汽车以及建筑物与桥梁和海上设施相撞。

如果海平面上升2英尺，那么东海岸600多英里的铁路以及美国一些最为繁忙的机场就有可能被淹没。

越来越频发的强风暴和海平面上升都有可能带来更猛烈的风暴潮，给沿海低地和潮汐河附近的机场设施带来巨大破坏。美国面积最大的47个机场中有13个都处于大中型风暴潮的影响范围内，其中包括纽约的三大机场。新奥尔良路易斯阿姆斯特朗国际机场的海拔为海平面以下1.7英尺，是全美海拔最低的机场，有130万人生活在该机场的服务范围内。恶劣天气事件的频发将导致航空业务中断，使航空系统出现大面积晚点，降低航空运输的可靠性。

和机场一样，铁路站场也常常位于靠近水体、地势较低的地区。靠近水体的铁路基础设施和列车在强风暴过境时和过境后都容易受到破坏。飓风“卡特里娜”给受灾地区的铁路设施造成了近9000万美元的损失，在其过境后近十年的时间里，从新奥尔良东部到佛罗里达州的美国国铁都处于运营中断的状态中。2011年，飓风“艾琳”摧毁了佛蒙特州200多英里的铁路和6座铁路大桥,造成的损失共计2000万美元。

美国的港口也极易受到风暴潮的影响。强风暴和风暴潮会摧毁基础设施和临时存放在港口的设备和货物,还会使燃料供应被迫中断,这一点在东海岸和墨西哥湾地区尤其明显,因为从现在到2045年这两个地区的强风暴会发生得更为频繁。实际上,美国货运吞吐量最大的前十个港口中有七个都位于墨西哥湾沿岸。

风暴还可能搅动水中的沉积物和一些碎片,降低航道通航能力。飓风"卡特里娜"过境之后,密西西比河墨西哥湾河口水位降至22英尺,被迫禁止商业船只通行,限制了大型轮船的通航。海平面每上升2英尺,就可能被迫改变通航路线,投入大量资金调整基础设施以适应船只吃水深度。比如,连接新泽西州和斯塔滕岛的贝永大桥目前正在为适应超巴拿马型船的通行而接受改造,预计完成这一改造将会花费10亿美元。

洪灾和风暴所导致的电力供应中断有可能增加,对管道能源运输也会产生影响。一般来说,为了避免海岸洪水带来的运输安全和环境问题,管道多铺设在内陆地区。然而,由于气候变化导致的洪灾和风暴潮的频发,近海地区和墨西哥湾沿岸的管道将承受极大的压力,管道运输受天气影响而中断的可能性增大。

尽管风暴所带来的破坏主要集中在受灾地区,但由于货物运输和个人出行也会受其影响,因此一场风暴的影响是十分广泛的。近年来,政府已经投入了大笔资金对风暴所造成的破坏进行清理,而且随着气候变化的影响越来越显著,类似的资金投入还将进一步增加。为了增强美国的交通运输系统对极端天气事件的承受能力及灾后恢复能力,需要建设具有超强恢复能力的基础设施,这一点正变得越加重要。

飓风"桑迪"过境后美国联邦运输部拨款强化基础设施建设

未来几十年内,气候变化会带来更为频繁的极端天气事件。同时,由于海平面上升,低洼地区的基础设施在风暴潮带来的洪灾中变得越发脆弱。比如,美国超过40%的公共交通服务由于飓风"桑迪"带来的巨大洪水而被迫中断,这些服务中断主要集中在纽约州和新泽西州。

飓风"桑迪"过境之后,美国的基础设施修复工作取得了很大进展,尤其是在公共交通领域。最近,为了应对气候变化的持续影响和未来可能出现的更强的风暴,美国联邦运输部向飓风"桑迪"影响地区的40个公共交通项目拨款35.9亿美元。一些项目旨在增强基础设施在受灾后的恢复能力,比如对与街道等高的通风孔和检修孔进行密封,保护地下泵房和为地铁供电的地下电力设施。虽然许多项目没有呈现在乘客面前,但这些项目会使纽约州和新泽西州能够承受更频繁、更强烈的风暴。长期看来,如果再有风暴来袭,再有公交设施需要修复,这些具有前瞻性的项目将会为纳税人减负。

尽管这些救灾资金都集中在美国东北部,但飓风"桑迪"巨大的影响范围表明,美国在交通运输领域的投资必须是全国性的。除了公交系统,严重的洪灾和风暴也威胁到全国的公路、隧道、铁路、机场以及一些其他的重要设施。为了提高交通运输系统的灾后恢复能力,政府部门不仅需要做好救灾工作,还需要加强基础设施建设,为更好地抵御下一次风暴做准备。

1.4.2 运输尾气

目前,我们已经可以感受到气候变化对交通运输基础设施的影响。众所周知,碳排放是导致气候变化的罪魁祸首,而交通运输领域大量使用石油制成的燃料,碳排放量巨大(图 1-40)。那么交通运输领域又是如何减少碳排放的呢?

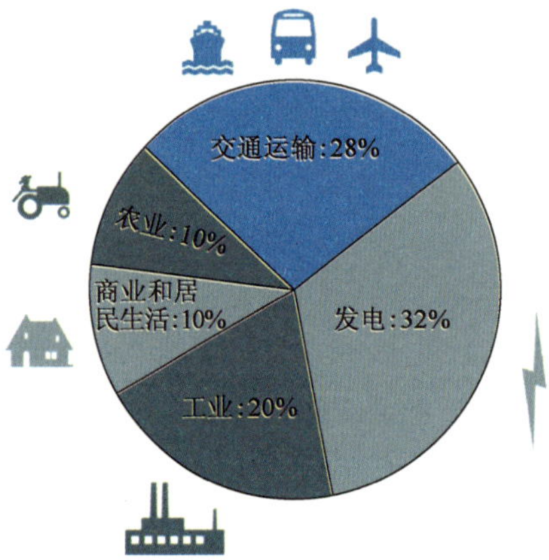

图 1-40 2012 年美国各部门温室气体排放情况

全球交通运输领域所使用的能源中有 95% 是由石油制成的,其中大部分是汽油和柴油,人类活动排放的大部分温室气体都是这些燃料燃烧产生的。全球交通运输领域所排放的温室气体占人类活动排放温室气体总量的 13%。美国的人均驾驶里程数大于其他国家,美国的交通运输系统所排放的温室气体占全国温室气体总量的 28%。

2012 年,美国机动车的石油消耗量占全球石油消耗量的 10%,但是,随着中国、印度等新兴市场机动车数量和石油使用量的增加,这一比重已经有所下降。

公司平均燃料经济标准已对轻型载货汽车的燃烧效率产生了重大的积极影响。该标准自 1975 年由美国国会颁布以来,为降低轻型及重型载货车辆能源消费发挥了重要作用(图 1-41)。颁布之初,该标准就显著地提升了轻型载货汽车的燃料燃烧效率,但是在将近 25 年的时间里,该标准却始终没有变化。在 2011 年,该标准得到了更新,文件规定 2012 年每加仑汽油行驶里程达到 32.7 英里,2025 年提高到每加仑行驶里程达到 47.2 英里。

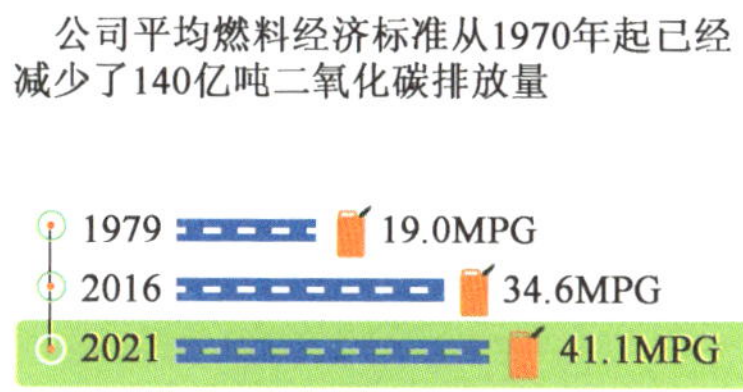

图 1-41 更强大的燃料燃烧效率新标准让人们的小轿车和轻型货车的燃烧效率翻倍

汽车产业已经采取行动并率先于制度要求达到了新公司平均燃料经济标准的要求。2013 年汽车销量中将近 28% 的汽车都实现了 2016 年需达到的最严格的温室气体排放目标,加快了降低碳排放量和减少气候变化的步伐(图 1-42)。

重型载货汽车占运输排放量的 22%,柴油相关的排放量在过去 30 年间翻了一倍还多,甚至超过了小轿车和轻型载重货车排放量增长率的三倍。卡车排放量的增长超过了卡车吨公里的增长,这意味着卡车货运的动向实际上是能量效率的降低。尽管引擎效率、卡车轮胎等方面都有提升,但这一情况还是发生了。也许是操作上的因素导致这一结果,例如小型的及时的货运增长、交通拥堵导致挂空挡的情况增加都可能是效率降低的原因。

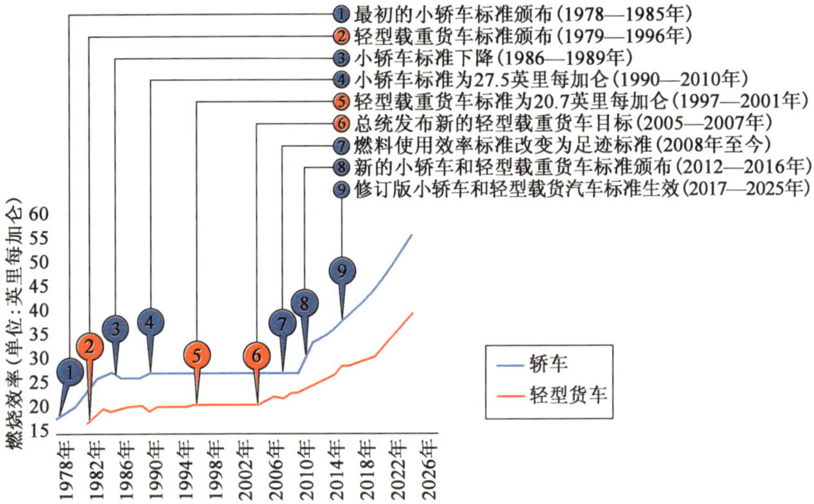

图 1-42　燃料效率新标准

温室气体和燃料效率标准最近被扩展到覆盖中型和重型载重货车。截至2018年,新的组合式卡车将需达到燃料消费量和温室气体排放量均下降20%的目标。2018年之后针对这些车辆的新产品执行更加严格的标准。

其他运输方式,包括铁路、航空、管道和海运,完成了运输领域温室气体排放量剩余的17%。航空占2012年运输相关排放量的8%。

> 商用飞机的二氧化碳排放量在1990年至2012年间上升了三个百分点,而与此同期美国运输机航程增加了40%。

商用航班通过提高燃料燃烧效率,增加每班乘客数量的方式来实现效率目标。联邦航空局协同行业一起致力于推进环境方面有前景的新飞机和引擎技术的发展和商业部署。飞机设计和引擎的提高将有可能持续提升能量效率。如果能广泛实施,下一代技术将会允许飞机飞行更多的直线,进一步提高效率、减少排放。

其他方式也能够起到降低排放量的作用。海洋排放量方面也已经颁布了更为严格的监管要求。海洋船舶和铁路机车已经采用了能效更高的引擎和设计。火车的能量效率从1980年起增加了50%,随着铁路方面使用更多的高效机车并改进操作,这一效率将会持续增长。

限制甲烷排放量对美国解决全球气候变化问题的整体努力起着至关重要的作用。甲烷目前大概占国内温室气体排放量的9%,它对全球变暖带来的潜在影响是二氧化碳的25倍左右。甲烷是天然气的主要成分,天然气输送管道泄漏是甲烷排放量的重要来源。泄漏最可能发生于生铁和无保护的钢制旧管道的损坏和腐蚀。当今,超过九万英里的天然气输送主要管道是由这些材料制成的。提高甲烷排放量的监管,替换泄露的旧管道,对从天然气管道中降低甲烷排放来说至关重要。

在未来的30年间,更高的管理标准有望激励小轿车和载货汽车的燃料效率取得持续不断的进步。近几年,高昂的燃料价格给个体和私营企业极大的刺激来购买燃料效率更高的车辆。但是如果在未来的几十年中,天然气价格下降,那么管理标准是否需要进一步强化呢?额外的政府政策或者规章制度能够提供更为强大的激励来加速能量效率更高的运输方式的发展和普及。

1.4.3 替代能源

近几年,很多"替代"燃料作为更为经济的竞争替代品,比以石油为基础的燃料释放更少的污染物。这些替代能源包括生物燃料、天然气和氢。另外,混合动力汽车越来越受到人们的欢迎,插电式电动汽车也已打开了市场。

技术的进步、不稳定的油价、公众对于气候变化的担忧以及规模不断扩大的充电和燃料补给基础设施的建设都增加了替代燃料、混合动力和全电动汽车的市场吸引力。所有运输方式都正在逐步扩大对替代燃料的使用。激进的投资和创新都可能减少传统天然气和柴油内燃机的使用,从而实现至2045年其在乘用车市场比例中下降10%的目标(图1-43)。

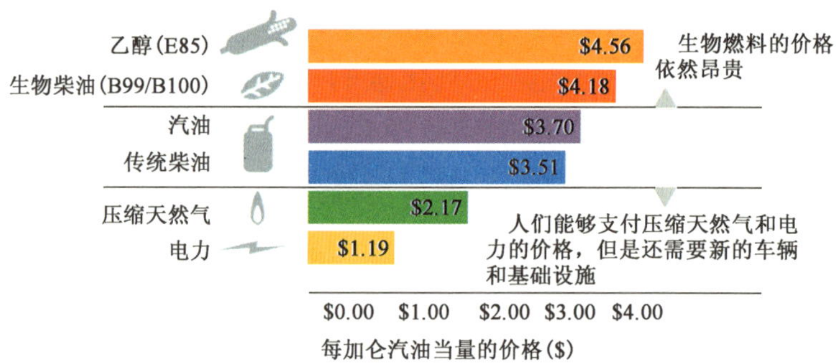

图1-43 可替代燃料价格(2014年7月)

混合动力汽车在20世纪90年代末成功引入乘用车市场。混合动力汽车使用再生制动和内部的内燃机来给电池充电。它们的燃料效率明显比非混合动力汽车要高,同时也越来越受到公众的欢迎。美国是全世界混合动力汽车量最大的国家。2013年大约销售50万辆的混合动力汽车;每售出的30辆轻型载货汽车中就有一辆是混合动力汽车(图1-44)。

插电式电动车使用的电是存储在充电电池组里的。目前,插电式电动车需要花时间来充电,充电间隔时间长短受制于电池蓄电能力。通常,电动车行驶大约100英里需要用到30~40千瓦时的电量,超过行驶100英里所需的等价油量。有些高档商用插电式电动车充一次电可以行驶300英里。

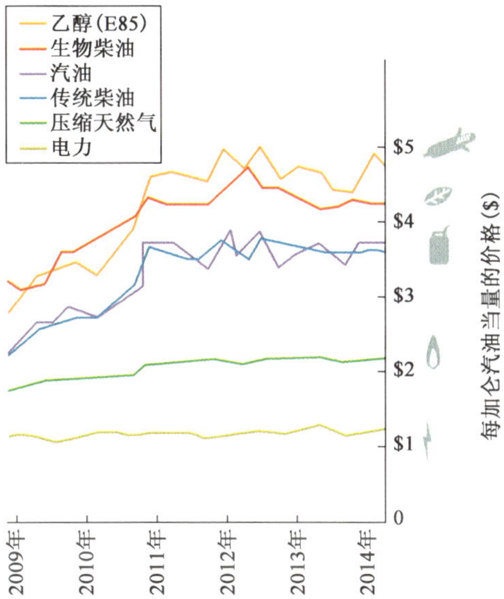

图1-44 美国平均零售燃料价格

> 2013年共销售近10万辆插电式电动车和50万辆混合动力汽车。

电池蓄电能力的增加势必能扩大电动车的市场。插电式电动车若要成为广泛可行的运输方式，就需要充电基础设施的投资，把充电站建成类似于现有的加油站网络。大城市和重要区域已经开始充电站的建设，包括波士顿、阿纳海姆、西雅图和帕萨迪纳。2014年9月，“全国充电日”吸引了115个城市的参与。

虽然，电动汽车和混合动力汽车由于不使用汽油而能够节约操作上的花费，但是一定程度上因为较低的市场份额，他们的价格要高于购买传统燃料汽车（图1-45）。

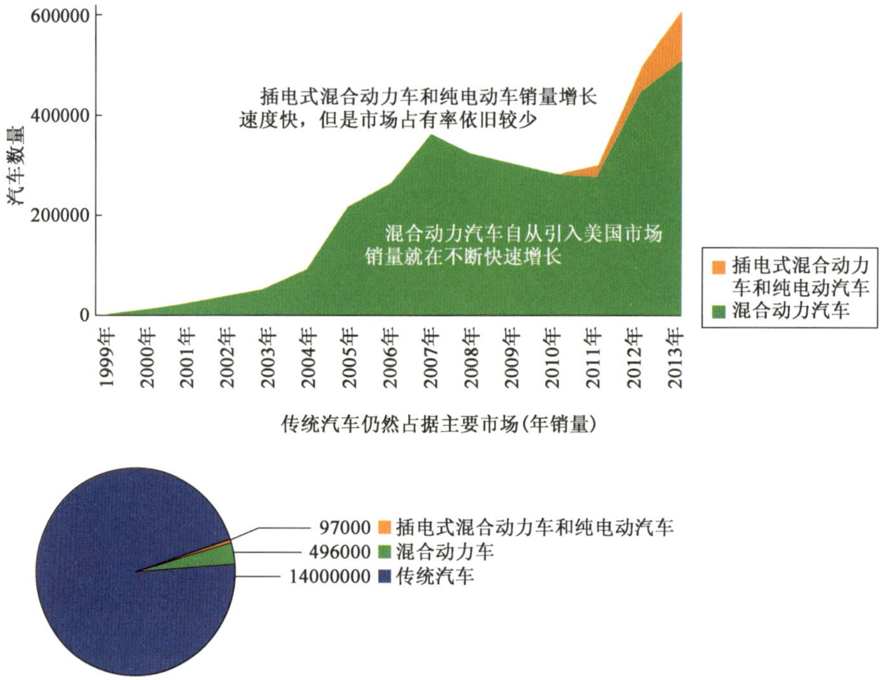

图 1-45　混合动力车、插电式混合动力车和纯电动车的销量比较(1999—2013 年)

其他交通方式产业也在尝试把压缩天然气作为主要燃料,并最终真正将其作为主要燃料使用。天然气机车现正在几条美国铁路运营线接受测试。但任何交通工具转为使用天然气都需要大量投资且充满风险和复杂性,现有天然气燃料加注基础设施不足也是现实问题之一。进一步说,同生物燃料生产相似,天然气精炼也可能导致严重的甲烷泄漏(气候变化的主要原因)并造成水污染。

海洋船舶将天然气作为动力燃料使用已在顺利进行中,这在一定程度上是由于国际海洋法规严格要求减少海洋排放的结果。现在,美国海洋工业正在制造以液化天然气为动力燃料的船舶。

1.4.4 出行模式改变

过去几十年中,美国各地都采取政策鼓励美国居民通过减少驾驶出行来降低碳排放。尽管不是每次行程都可取消,但通过走路或骑行是不消耗燃料的。铁路货运吨英里运输效率比公路运输和其他货运方式高出许多,公共交通工具每英里运输乘客比自驾的效率也要高出许多(图1-46)。总的来说,公共出行搭载乘客越多其效率越高。这些出行方式越来越多地代替自驾,可以有效降低碳排放。

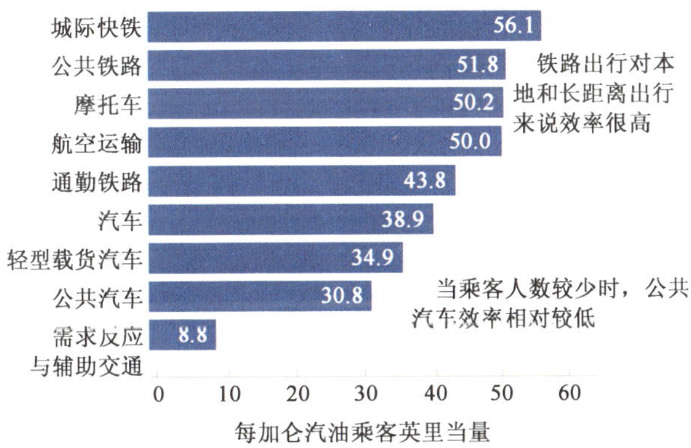

图1-46 平均客运燃油经济

然而,这些替代性交通方式通常对很多出行来说并不可行。替代性交通方式有限的设施和服务、许多城市面向自驾车的规划和设计,都使节能交通方式的转换变得更具挑战性。各地区稀少的人行道和自行车道让即使短途的步行和骑行都不够安全。居住在大城市地区的美国人数量达到前所未有的数字,只有一半多点的美国人可以使用公共交通工具。城际快车仅在一些交通走廊成为搭乘飞机或自驾的有竞争力的替代品。

许多美国人居住在城郊及人口稀少的地区,这些地区住房、公司、学校和服务设施分布很分散。在人口稀少地区居住模式下,步行或骑行到达目的地是十分困难的,为人口稀少地区提供公共交通服务成本更加高昂。主要的铁路和公共交通系统的扩展需花费数十亿美元。过去几十年,公共交通扩展到像洛杉矶和亚特兰大这样人口较少地区,但公共交通整体节能效率下降,且碳排放更加密集。

一些地区找到自驾出行的可行替代方法,提供更安全的自行车道和步行道以及新的公共交通选择。其他地区找到协调土地使用和交通规划的方法,采取"智能增长"和可持续发展政策来支持步行、骑行和其他低碳出行方式。支持混合方式出行和多交通选择,且不鼓励大规模发展模式的战略可以缩短出行行程、降低出行频度,让人们选择碳效率更高的出行方式。

铁路和水路运输比货车运输碳排放密集度低很多。政府可以采取相应政策来影响货运模式的选择。限制货车运输、抬高货车运输成本或鼓励增加替代的铁路运输或海运的政策,能使这些碳排放密集度低的交通方式更具经济竞争力。比如,对铁路容量扩增的投资能增加10% ~20% 的铁路载货量,通过将货车运输转为铁路运输也可能减少碳排放量。

1.4.5 政策选择

气候因人类活动而变化,其中石油燃料消耗引起的变化格外明显。科学家们预测一些气候变化带来的影响会十分深刻且不可逆转。当今决策者的行动——在交通部门和其他社会部门以及经济方面,特别是能源生产和工业生产方面——会对气候及未来产生的影响起决定性作用。

交通系统使用了大量的石油,车辆和各种设备也会产生破坏环境的碳排放。交通系统是气候变化的原因之一,但交通系统也是气候变化的受害者。减少交通温室气体排放有助于避免气候变化带来更深的影响。同时,人们需要为气候变化给交通系统带来的重大影响做好准备。

> 美国联邦运输部 2014 年气候适应计划中阐述了美国联邦运输部为解决可能的气候影响将实行的举措,包括将气候变化影响因素融入资产管理系统,确保交通计划和项目解决潜在气候影响,保护联邦资产。

各级政府开始采取政策试图延缓气候变化。政府将气候变化目标融入当地交通计划并采取策略让交通系统对恶劣天气和海平面上升的适应性增强。在联邦政府,各种机构正抓紧进行科研投资并制定了指导意见和政策。联邦汽车卡车燃油效率标准的提高有助于减少交通部门的温室气体排放量。

经过一系列技术升级、燃料革新和行为变化,汽车变得更加高效节能。在过去三十年中,更高的燃油效率标准、消费者行为变化和交通部门采用替代燃料预计减少了相对目前水平 10% 的总温室气体排放量。但是展望未来 30 年,美国很可能不是温室气体排放量最大的国家。在美国,人们还可以为支持燃油效能改善做出许多努力,鼓励开发和采用替代燃料,支持出行方式转变为燃油效率更高的交通手段。而真正做到减少全球温室气体排放还需要国际外交的协调推进,以解决这个全球性的问题。

减少交通部门温室气体排放的政策选择包括:

(1)开展替代燃料和基础设施研究,投资燃油高效能技术研发。

(2)对电动或使用替代燃料的车辆给予补贴。

(3)对碳排放征税。

(4)支持可以减少公路拥堵的定价和运营战略。

(5)提高和推广各交通行业的燃油效率标准。

(6)支持阻碍城市蔓延的区域规划和发展政策。

(7)鼓励公司采取远程工作政策。

(8)投资公共交通、铁路和海运基础设施以支持模式转换。

(9)提升国际政府间对共同控制温室气体排放承诺的参与度。

气候变化无疑会对当下交通基础设施以及我们规划未来基础设施的路径产生极大影响。那些为过去50年甚至更久之前基础设施建设做决策的规划者现在需要为气候变化做打算。这需要充分考虑如何进行投资以强化基础设施系统适应性,从而抵抗恶劣天气事件。

适应气候变化的政策选择包括:

(1)整合气候变化因素至资产管理和交通计划中。

(2)强化或移除不利于防洪的基础设施。

(3)对于未建成基础设施设立更高的适应性标准。

(4)推进区域规划、保险和脆弱地区的灾难恢复政策。

1.5 如何决策与投资

当桥梁坍塌、公路交通停运或主要运输路线发生事故时,美国人不仅想知道问题出在何处,还要追究责任人。当一个花费多年时间建造的重要公路项目坍塌,或者新项目资金链断裂,目前还缺乏明确的问责机制。交通投资见图1-47。

美国需要做的运输决策变得日益复杂,包括制订计划、资助建设基础设施、安全运营国家空域,并使火车和公交车运作良好。这些决策往往需要多个政府机关花费大量的时间,以及政府和私营部门间也要进行相互协调。例如:建造一个新的机场跑道可能要花费数十年的时间,需要制订计划、召开公开会议,需要各级当局投入数十亿的资金,进行广泛的环境调查,并得到众多联邦和国家机关的许可。

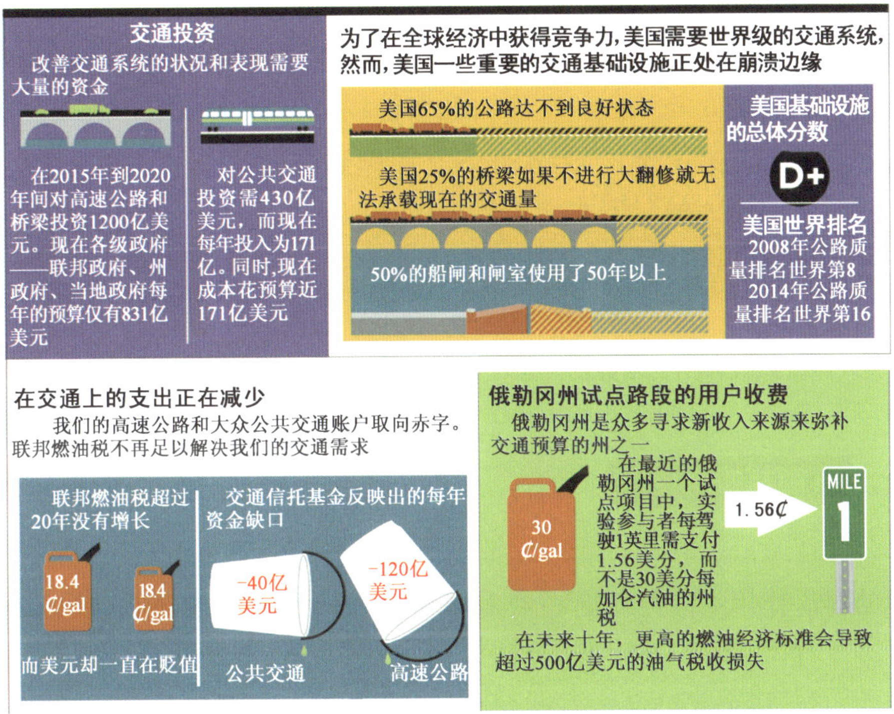

图 1-47　交通投资

未来,随着都市人口的增长,美国的经济不断发展,技术不断改进,运输决策会变得更加重要,基础设施建设的成本也会更高。为了应对这些发展趋势,使项目在日益增长的复杂性下也能得以实施,政府需要更为睿智、更具创新性。政府需要采取一些战略和技术,以增强协调性、精简流程、提高效率和责任担当,尽可能地充分利用时间、发挥资金效率。未来需要一个更有谋略、有责任和善应变的政府,应对不断出现的挑战,建立并维持一个满足现在和未来几代人要求的运输系统。

本章讲述了运输系统如何筹集并管理资金,结尾描述了今后政府的政策选择。在保证美国运输系统的绩效方面,人们希望各级当局扮演怎样的角色?不同的政府机关如何扮演好这些角色?美国在满足不同的地方、区域、国家运输系统要求的同时,如何完善运输决策制定来减少政府低效和权利的重叠?私营机构应起什么作用?这些问题往往会带来激烈的争论,但这并不是美国要在此解决的问题。相反,本章节更宽泛地展示了在这些争论背后的一些趋势,并寻找未来改变的可能性。

1.5.1 政府作用

1)联邦的角色

联邦政府、州、地方政府以及当局在推进运输系统方面,发挥着不同的促进作用。联邦政府在应对运输核心问题方面的能力已经有所改进。首先,联邦运输项目允许在国家行政辖区内进行协调,以确保标准一致,相关基础设施互联,以及对国家有益基础设施进行充分投资。其次,联邦政府在支持重大关键交通运输服务上具有不可或缺的筹资和分配地位。最后,联邦政府可以促进如国家安全、环境可持续性、经济增长和社会福利及平等等国家目标的实现。

当然,正如美国交通管理史所显示,联邦的权力和有效性必然会有局限性。无论是南北州之间,或是城乡区域间,因有限资源发生的竞争已经使国会分离,限制了联邦对有益于区域发展方案的支持。这种现象在各种运输方式中都有所体现。历史上,由于国会对铁路应通过区域争论不休,第一条州际铁路建设被延迟了;现在,对联邦运输和城际铁路资助的部分争论超出了限定的应用区域范围。实际上,为了确保区域可以平等地获取铁路和航空运输服务,一些联邦运输项目将资源分配到一些低要求区域，这些区域很难支付特定服务的全部费用。

随着运输系统的发展，交通运输变得日趋复杂，联邦的地位也在不断变化，同时将更多权利下放到州和地方当局。为了维持财政支持，联邦在对运输模式的支持上产生了一定的偏好。除此之外，各当局还面临着运输方式间的协调、行政辖区内的博弈，以及如何创造充足的税收来维持运营，如何有效分配资源等问题。

政治条件也限制了联邦政府指导州和地方当局如何使用联邦援助的能力。在过去30年中，各州被赋予了更多的自由裁量权，来判定他们如何花联邦的钱。联邦的自由决定项目已经降低到全部资助的很小一部分。不过专项拨款是个例外，直到最近，这项资金仍直接由国会议员分配给特定地方和区域项目。国会专项拨款的数量从1982年的10项增至2005年的6373项——占联邦地面运输资金总额的10%。不过最后国会禁止了专项拨款。

2）协调决策

分散化决策有助于投资有利于所在地居民的项目。20世纪60、70年代，一些地方市民和城市政府抗议一个公路计划项目，该项目大部分由此州的公路工程师控制。联邦资助的公路建设每年要破坏成千上万的居民区，大多数都是低收入或少数民族社区，20世纪60年代这种反抗达到顶峰。对公路建设的反抗说明集中决策可能会忽略地方的关注点，并对地方社区造成伤害。

今天，联邦法律规定的计划和环境调查，可以确保社区利益相关人在运输决策制定过程中能表达意见。然而，这些类似进程往往因减缓或阻止了运输项目的实施，以及提高运输成本而受到责难。由于一些基础设施项目，如机场跑道，需要综合研究各行政辖区和公共机关之间的充分协调，此类项目的计划和环境调研进程往往要花费十多年的时间。

随着地方在运输决策制定上责任的提升，以及地方政府和独立当局数量的增加，运输项目的协调变得越来越困难。联邦政府为运输提供资金，并制定能引导联邦资金投资的政策和目标，但它并不直接在土地利用决策上起作用。相反，许多组织在地面运输和土地决策方面共享权力，包括各级政府、都市区规划机构、港务局、交通运营商、工商业界及其他组织等，都对运输网络有一定的所有权、运营权和规划权（图1-48）。

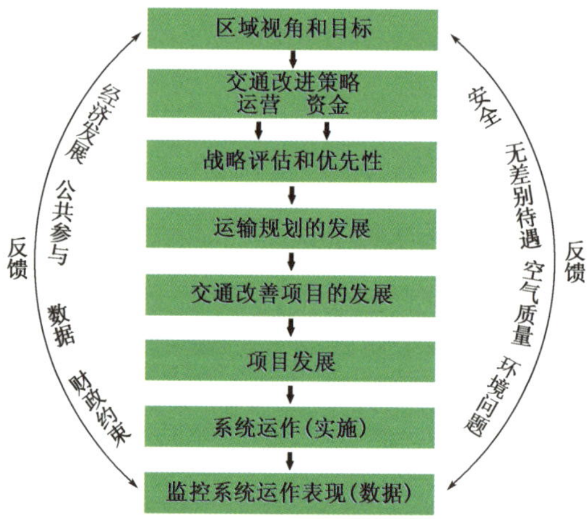

图1-48 运输规划流程

这种多层次的决策制定过程给高效的网络发展带来挑战，需要费时的跨机构协调。随着大都市区不断扩张，规划、资助、许可、建设和运作基础设施的责任变得越来越分离，也使得确保运输投资在区域层面更加高效的同时，调和地方目标变得越来越困难。要在众多有着不同目标的运输机构、地方政府和社区利益相关群体之间达成一致，往往会导致项目实施的延迟和低效。

例如，州际公路项目中的道路需要达到一定标准，并往往由州运输部门养护；县或市的街道由当地市民规划、运作和养护；运输系统往往由一个独立实体建造、运作和养护。在大都市区，都市区规划机构负责协调所有规划进程中相关机构和利益相关方的参与；类似的，州运输部门负责大都市区以外的活动。

大都市区已逐渐成为我国经济和人口增长的主要所在地。都市区规划机构负责规划这些地区的运输投资，因此，他们必须与州运输部门、地方交通运营商、开发部门、地方政府、环境资源局以及各自边界内的港口、机场和铁路部门进行协调。但面对类似空气污染和交通拥堵等问题，常常需要协调行政辖区来形成区域运输规划解决方案。随着大都市区在规模和人口上的增长，传统的行政辖区边界变得越来越模糊。这也使规划部门不得不面临更多超出州县边界的区域合作问题。

大都市规划的障碍：边界协调的挑战

佛罗里达州各局间的协调尤为困难，那里有大量县域的都市区规划机构、交通运营商、机场、海港和收费局共同承担运输网络的责任。这种管理结构意味着各局共同制定区域决策，但这些区域可能更适合由一个单独的区域规划实体主导。鉴于这一事实，26个州级都市区规划机构中有22个正式合作，协调区域运输规划活动。在坦帕湾（美国佛罗里达州西部海湾），7个区域规划机构组成了佛罗里达中西部都市规划区协调委员会，共同满足区域运输需求。虽然像这样的联盟目的在于集合当地目标，优化共同决策制定，但各局之间的协调往往会给运输规划进程增加时间和经济上的负担。一旦决策无效，这种方法会造成项目延误、公众参与低下、低效投资和一个混乱的决策制定进程。

1.5.2 资金短缺

自20世纪90年代中叶，通货膨胀侵蚀了40%的美国联邦运输资金购买力，而随着花费超出税收，大多数运输专用信托基金也都有所降低。从1993年起，联邦每加仑燃料税就没有涨过。而几十年来，人均里程数在2004年达到峰值后并开始下降，到2013年降到了1996年以来的最低点，共降低了7.5%。同时，燃料经济性标准也减少了燃油使用，降低了燃料税收。

如今，资金短缺带来了各种不同模式的运输决策。随着公共税收与养护、运营和扩大基础设施的花费越来越不相关，公共机构需要找到新的方法，以更少或相应减缩的资金获得更多产出。资金短缺往往会最终以不利而低效的方式限制选择，例如，迫使公共机构推迟维修，导致最终的维修费用增加。

1）运输支出在降低

美国的公路和大型运输账户趋于赤字。联邦燃油税不再能满足我们的运输需求（图1-49）。

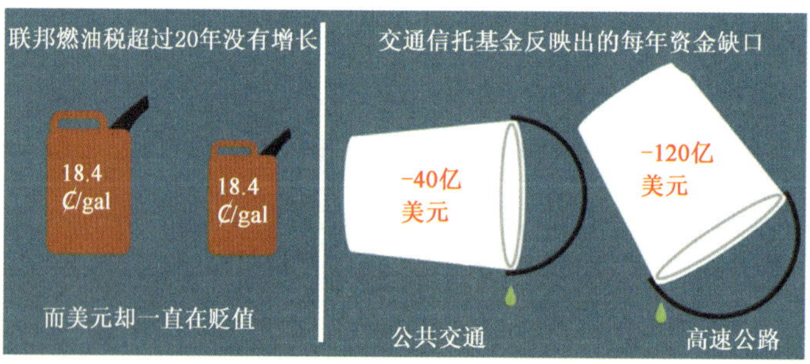

图1-49 美国交通资金收支情况

联邦资金的日益短缺导致一些州和地方政府探索征收额外税收来满足各种技术设施的支出需求。在航空领域,1990 年国会首次颁布了旅客设备费用,如今这项费用占机场资本投资的 30% 以上。然而,随着 2007 年的经济衰退,州和地方政府面临巨大的税收下降和经费削减。各级政府需要艰难地权衡,找到事半功倍的途径。为了应对通货膨胀,联邦和州对地面运输的支出在 2002—2011 年间呈下降态势。

在地面运输支出下降趋势中的一个例外就是《2009 美国复苏与再投资法案》。这项法案是为了直面经济危机而出台的,其中包括投入公路建设 275 亿美元、投入运输领域 84 亿美元、投入客运铁路 93 亿美元以及投入多式联运基础设施 15 亿美元。

加利福尼亚州、马里兰州、马萨诸塞州、佛蒙特州和怀俄明州等已经提高了燃油税,超过 30 个州近年来通过了交通相关的财政提案。在加利福尼亚州,地区政府和当地政府现在提供所有交通经费的 49%,联邦政府提供资金小于 25%,郡级的销售税每年为交通提供大约 40 亿美元。

然而,接近半数的州选择在过去的十年里不提高燃油税。他们采取了其他方式来为交通开支提供经费,例如,将州销售税的一部分固定下来作为交通经费,或提高车辆的注册费等。各州越来越多地使用贷款来为交通工程提供资金支持。由州里下发的支援地面交通工程的贷款几乎翻了三倍,从 2000 年的 110 亿美元涨到了 2010 年的 300 亿美元。

在所有的政府级别里,作为地面交通收入的一部分,使用者费用已经降低了。在 2000 年,使用者费用占所有联邦高速公路收入的 95% 以上(图 1-50)。截止到 2010 年,因为一般基金的一部分被用于弥补高速公路信托基金的下降,只有不到一半的联邦高速公路收入是来自于用户收入。大萧条之后的交通项目刺激性支出都来自一般基金。低于预期的联邦燃油税收入也导致国会通过一般基金和其他收入来源的转移，来补充公路信托基金。来自于州高速公路的收费用户的收入占比从2000年的74%下降到2010年的56%。

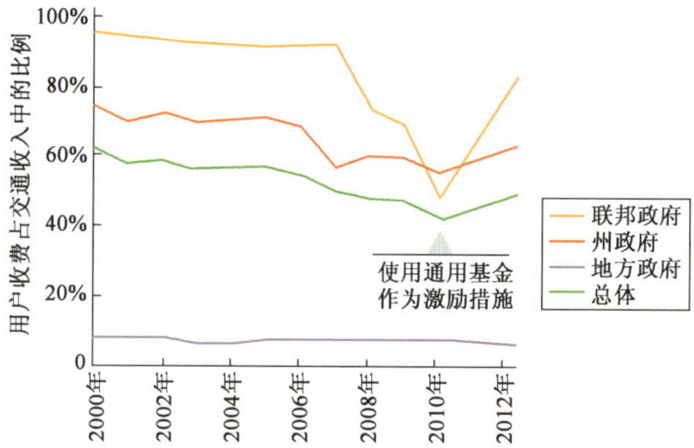

图 1-50　地面运输对用户收费的依赖度(2000—2012 年)

与以前相比，公共交通系统的收入占运营成本比例有所下降。2010年，公共交通系统营运开支占收入的38%，低于2000年的46%。

机场和航空信托基金的消费税收入自2000年起不断波动，外部事件及总体经济条件等因素起了一定作用，因为它们会影响购买机票的数量、乘客支付的车费、购买的燃料量和空运货物的价值等。比如，在近十年内，消费税收入就受一系列不可预见的事件影响而下降了，其中包括2001年“9·11事件”、恐怖袭击等，它们减少了人们对航空旅行的需求，导致航空业收入急剧下降。类似地，在最近的经济衰退中，信托基金收入从2008年的120亿美元下降到2009年的109亿美元，部分原因是因为此间国内的客运交通量下降。信托基金税收收入在2012年达到了125亿美元，2014年达到了135亿美元。在最近几年，美国联邦航空局平均每年会从一般基金获得28%的拨款。

2) 正在下降的信托基金

在过去的十年中,美国国会尽力地及时通过长期交通授权。最后一个五年交通法案:露茶法案(SAFETEA-LU)在推迟两年后于2005年通过了。最新的交通运输法《在二十一世纪中前进》(MAP-21),在推迟近三年后,于2012年通过,但仅授权了两年的花费。联邦基金的不确定性导致了运输项目计划和建设的延误,同时提高了发行贷款的成本。

随着燃油经济性的提高和人均驾驶的减少,天然气税收空前下降,近年来国会面临的关键问题为:在无需大幅削减开支的前提下,有足够的财政收入来资助一项长期的地面运输项目。自2001年以来,国会批准投在公路和运输领域的联邦支出已经超过了公路信托基金积累的收入税,并且公路信托基金的花费每年都超过其收入。

国会没有提高燃油税率或减少支出,而是临时补充了交通资金。2007—2014年间,国会已经从财政部的一般基金转移了超过600亿美元到公路信托基金。MAP-21通过从一般基金和地下储油槽泄漏整治信托基金得到资金的支持。为了抵消这些转移的成本,国会已经制定了一些与交通无关的条款。例如,在最近的扩展中,国会允许公司减少他们向养老基金的贡献并延伸服务费一年,从2023到2024年,从而抵消了转移成本,以保证公路信托基金"沉淀"到2015年5月。

逐渐减少并变动中的联邦地面运输资金可能会对国家产生重大影响,因为维持、改善和建设道路、桥梁和运输系统在很大程度上依赖于联邦基金。在南达科他州、罗得岛和阿肯色州等,联邦基金占所有公路交通40%以上的资金。来自联邦资助的不确定性意味着各州不得不推迟项目,以确保充足的资金来资助新项目(图1-51)。

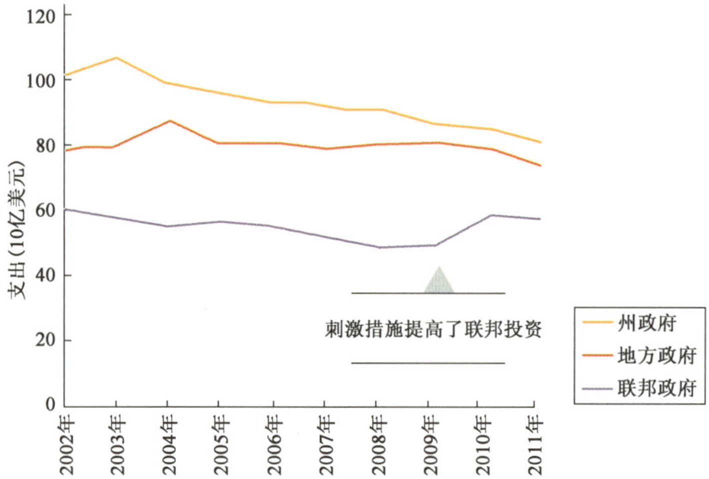

图 1-51　各级政府在高速公路和公共交通上的支出(2002—2011 年)

由短期联邦运输资金授权的交通规划

国家和都市地区都要制订长期运输计划,规划四年期的项目。这需要认真规划和充分的确定,要求清楚在未来四至六年可用资金的数额。短期运输资金授权,再加上公路信托基金的资金不稳定,使这成为一个艰难的抉择:在没有联邦的帮助下,以自有资金推进项目——很少有州能负担这个风险,或者只能选择推迟已万事俱备、准备开工建设的项目。

一些州已经在推迟一些已经计划好的项目。对于一些适宜施工季节较短的州,这可能意味着整个施工季节的损失。延迟项目将导致项目成本增加,延迟运输利益。其他方面可能包括建筑承包人提供的就业机会缩减,咨询工程师工作量减少,以及施工设备的销售和租赁的减少。

内河航道信托基金(IWTF)支持首都内河航道工程的建设和修复。IWTF大约每年有8000万美元是从使用内河航道的船只所征的燃油税。IWTF的账户从2001年的大约4亿美元下降到了现在的略高于1亿美元,主要是由于在俄亥俄河的奥姆斯特德大坝的建设成本大于了预期。为了支持新的建设和对内河航道的重大重建,美国国会最近将驳船的燃油税从每加仑20美分增加至29美分。

美国联邦航空局的长期授权在2007年期满,在国会于2012年通过了一条多年的授权前,有23次短期的延长。2011年的一次授权失效导致了联邦航空局在2011年两周的局部关闭,并要求联邦航空局停止建设所有项目。授权失效导致的机场和航空信托基金收入损失大约4亿美元。一系列的短期延长使代理运营的操作更为复杂,且令联邦航空局开展对未来科技与创新的长期规划和战略更为困难。

在2007年美国联邦航空局长期授权的一个多年期资助法案到期后,联邦航空管理局在国会于2012年通过一个多年的授权扩展前有23次短期的延长资助。

1.5.3 政策选择

政府可以采取优化有限的资源配置、提高项目交付效率、增加财政收入等诸多方式来应对资金挑战。近期,福蒙特州、马里兰州和密歇根州都增加了汽油营业税来增加交通运输的税收。弗吉尼亚州政府不仅提高了税收来为交通运输建设提供资金,而且着手开展一个雄心勃勃的公私合营项目——用私人融资来刺激加速交通运输项目的交付和高效管理。

1）聚焦联邦作用

智囊团经验丰富的观察家们呼吁建立一个更加专注、目标驱动、方式中立、表现良好的交通运输项目。有人指出，通过让联邦专注于提供资金给那些国家级、区域级的重要项目，来增加国家经济竞争力，如同效益成本分析中的展示，联邦交通花费就可以与联邦交通收入紧密一致。非盈利政策智囊团提议通过统一的、有竞争力的、非形式化的联邦提供资金项目，来建立性能标准并激励改良的表现。有的交通运输专家提议直接为改进现有基础设施条件提供资金是首先且必须要做的事情，同时还要通过联邦资助的债券、贷款和非联邦收入来源为新的生产能力项目融资。

在以效果为基础或以地域需求的紧急程度来分配联邦资金供给的导向中，区域的公平越来越成为人们关心的话题。很多人认为区域的公平对获得国家支持来建设联邦交通项目至关重要，但是按照州或区域来公平地分配资金的目标通常会与按照对交通运输系统的影响大小来提供资金的目标相冲突。

这些担心在各种交通运输方式中都存在。陆上运输中，这个担忧就是充足的联邦汽油税收被分配给了小的位于农村的州。在航空方面，联邦资金提供给小的农村地区来确保提供有效的空中服务。美铁的联邦资金是为资助遭受操作损耗的线路服务。在运输线上，美国往往会资助那些用较少的乘客量来把服务延伸到新领域的项目，而不是去投资大数量乘客项目的服务质量提升。同样的，关于交通运输投资的区域公平矛盾存在于各个层级。

2）绩效管理

所有层级的不同交通方式的运输机构都越来越普遍地使用变现

管理方法和数据来进行决策、增加问责。国家和当地机构利用这些实践来向公众展示他们是纳税人金钱的管理者,并且交通运输基础设施是值得投资的(图1-52)。

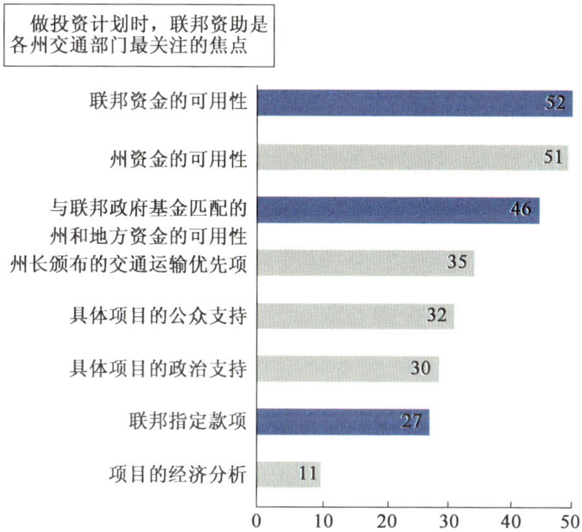

图1-52　各州交通部门的资金关注

皮尤研究中心和洛克菲勒基金会的一项研究发现,过去30多年里,公共机构已经开发了非常精密的方法来引导资本管理和安全决策。少数国家机构已经发现了有效的方法,能够准确测量交通投资如何影响关键目标领域,比如经济发展和环境可持续发展等方面。皮尤研究中心报告显示13个州,包括华盛顿、加利福尼亚、弗吉尼亚、明尼苏达和密苏里都在使用绩效管理方法来引导一系列目标决策。例如,华盛顿州使用绩效管理方法向选民和州议会展示,全州的汽油税收增加5美分/加仑的资金供给项目将会如何提高安全、减少拥堵、降低排放和支持经济发展。

美国联邦运输部正致力于开发标准化的绩效措施来管理地面交通运输,从而体现联邦政府的发展目标。在某些领域,实现绩效管理的目标将会和小部分联邦资助州紧密联系在一起。

美国联邦运输部的资助顾虑

尽管绩效管理方法的使用越来越普遍，但是许多州的交通运输投资决策还是主要由政治、资助和花费等因素决定。根据审计总署的一份调查问卷显示，在各州选择交通运输项目来投资时，公众和政治支持是仅次于资金可用性的最重要的考虑因素。美国联邦运输部只有少部分人认为经济分析是一项重要因素。

在联邦层面，目前绝大部分交通资金的分配标准与绩效无直接关系，而是基于人口、航线长度等。例如，在《在21世纪中前进》(MAP-21)中，92%的联邦公路资金和80%的交通资金按照规则分配给负责投资决策的联邦公路管理局。很少有联邦交通计划使用以绩效为基础的标准来奖励资金。

2012年的MAP-21标志着联邦地面交通计划向更加绩效化迈出了重要的一步。该法案定义了针对一系列地面交通项目的7个国家目标领域、绩效方案以及报告要求等。法案建立了国家公路绩效计划，该计划将界定各州用来评估、报告人行道和桥梁状况的方法。它要求建立安全绩效衡量标准来落实公路安全改进计划，建立交通拥堵和排放衡量标准来落实缓解拥堵和空气质量改善计划。

方案要求各州和大城市制定一系列基于绩效的规划，包括：城市交通规划、全国性交通规划、资产管理规划、战略性公路安全计划、空气质量模式绩效规划和国家运输计划。如今数个联邦公路计划已制订了绩效规则，规定如果某特定目标领域的绩效不达标，资金将被搁置发放。方案也授权国家公路交通安全管理局制订国家汽车安全绩效衡量标准,并规定每年的州公路安全规划应包括这一部分。

近几年,已经出现几个激励绩效的联邦交通计划,这些计划有一定竞争力、方式多样、有自由裁量权。比如,交通投资产生的经济复苏计划,就是一个具有竞争力的奖金计划,2009 年作为美国复苏与再投资法案中的一部分颁布。复苏计划最初投资 15 亿美元,并且随后陆续更新 5 次,总投资额超过了 40 亿美元。奖金授予的标准包括国会的规定奖项应在城市和乡村社区平均分配。而同时,美国公路管理局也在评估计划结果方面面临着挑战。

3)创新筹资

由于面临交通收益的限制,各州逐渐转向免税债券市场和创新筹资机制来为基础设施建设融资。自 1995 年以来,随着各州寻求利用债券低税率来推进紧急交通计划,州和当地城市的公路债券保险已经翻了三番。

除了城市债券市场外,在各级政府公共预算都在陆续紧缩的同时,基础设施投资的创新融资正变得越来越重要。通过交通基础设施融资和创新法案(创新法案)、铁路修复和改善融资计划(融资计划)、符合免税条件的私人债券(私人债券)等计划,美国公路管理局在支持全国项目创新融资中扮演着重要角色。融资工具适用于各种模式的交通项目。根据创新法案,公路、轨道、铁路、跨方式运输以及港口工程都有获得联邦信贷援助的资格。任何形式接受联邦救助的交通工程都符合私人债券计划的资格要求。货运铁路项目和跨方式设施也符合融资计划要求。

创新法案运用直接贷款、贷款担保、备用信贷额度等方式提供联邦信贷援助来为地面交通项目提供低利率资金。从联邦资金中贷款 10

亿美元,可以在贷款救助中获得100亿美元的资助。贷款可用项目本身产生的收益(例如,通行费)或者由赞助代理机构的收益来支付。

创新法案贷款帮助拓展洛杉矶公交服务

随着交通资金日益减少,许多交通代理机构正在使用创新融资机制来为急需的交通基础设施融资。例如,洛杉矶大都会运输署最近接收了21亿美元的联邦资助来建造9.4英里的西边紫色线路延伸项目,将洛杉矶市区与贝佛利山、加利福尼亚大学、洛杉矶和韦斯特伍德退伍军人医院相连。洛杉矶大都会运输署将接收分别来自自由贸易协定资本投资拨款计划的12.5亿建筑奖助金和美国公路管理局创新法案联邦贷款资助项目的8.56亿资金。洛杉矶大都会运输署将使用投票人通过的留守营业税的收益来偿还创新法案的贷款。当全国范围内交通项目尝试冲破阻碍获得发展时,创新融资机制将在对有益项目的投资中继续作为一个流行的策略,并帮助像洛杉矶那样的社区保持一个有活力、能持续发展的未来。

近几年,创新法案中的利息有所上调。创新法案贷款的利率和结构对于许多寻求重大交通项目融资替代方式的州具有一定的吸引力。一些州提议通过建立国家基础设施银行进一步发展创新法案。这样一个机构将作为独立的政府组织存在且为广泛的交通项目提供低利率资金。

融资计划为铁路基础设施建设提供高达350亿美元的直接贷款和贷款担保。其中高达70亿美元被用来投资铁路货运而非一级运营商。直接贷款能达到铁路项目的100%,还款周期可以到35年。

一些州和当地政府采用公私合伙模式(PPP)来投资、建造和运营交通基础设施。PPP目标是通过扩大私人份额来更加有效地交付项目。因为与传统项目相比,PPP需要更多资源来评估和完成项目,而私人融资成本又高于公共融资成本,所以它仅仅适用于复杂、高风险的项目。因此,仅仅占总体交通投资的一小部分。在2007—2013年间,227亿美元的公共和私人资金用于PPP投资,约占总体资本投资的2%。

PPP模式为筹集资金提供了另外一种渠道,其合理使用可以加快项目的进程并节省纳税人的钱。然而,这种模式不应被当作基础交通设施筹资的主要来源之一,而应把它作为一种可以回馈使用者的形式。在PPP模式下,私人企业投资前期股本用来支付项目的设计和建设成本。但是从长期看,他们寻求的是具有竞争力的投资回报。这些回报大多通过以下两种方式实现:一是对所造设施进行收费,二是每年由公共合伙人对其支付报酬。

PPP模式也面临着一系列的挑战,包括:评估项目实现的价值,评估一个项目周期的花费和项目所需缴纳的税费,以及评估将风险转移到私人领域的价值。另一个重要的障碍是各州的法律环境以及采购方式都有所不同,这就提高了投资者的交易成本。另外,各州和当地政府已经习惯了通过发行市政债券来为基础设施项目筹集资金。因此,PPP成为了政府筹集资金的一种默认方法,甚至某些项目有机会通过公私合营模式实现长期净收益。有些公私合伙模式因为私人公司提供过于宽松而慷慨的条款补助而受到质疑。政策制定者方面,对于在法律层面赋权或通过收费及其他方式提高税收等行为也缺少政治意愿。

弗吉尼亚 I-495 高速公路的 PPP 模式

如弗吉尼亚和佛罗里达等少数州已经通过公私合营的方式成功地完成了一系列重大项目。例如,弗吉尼亚新增的一条收费快速路 I-495 就是通过这种模式完成的。私人部门提出创新设计提案将项目花销降到最低。这个 20 亿美元的项目给一个私人公司 85 年的特权对其进行设计、建造、集资、运营和收费。该项目最终花费 5.98 亿美元的私人活跃债券,3.48 亿美元私人股本以及来自弗吉尼亚政府的 4.09 亿美元的拨款。而这笔集资最终将会通过收费和税费获得回报。

美国联邦运输部于 2014 年成立交通运输投资中心(BATIC)。该组织将会为公私双方搭建桥梁以促进这种互利的公私合营模式发展。该中心既帮助各州和各地政府,也帮助私人开发商和投资商,致力于为交通基础设施建设寻找实用的创新性集资模式。

4)可供选择的收入来源

如今,联邦和州政府越来越倾向于采用多样化的形式来为交通设施建设集资,而非单一的汽油税款。受汽车和卡车越来越省油以及高速公路减速的影响,燃油税收入在逐年减少。面临提高燃料税以及未来税收预期下降的政治风险,各州和当地政府都在寻找其他可供选择的税收来源以建设交通设施。

从州一级层面看,一些州例如马萨诸塞州、马里兰州、新罕布什尔州和怀俄明州在近几年里提高了汽油税。而另一些州,例如宾夕法尼亚州和弗吉尼亚州,从按每加仑收费的传统收税方式转变为按整体销售水平收税的收税方式。其他的州则把州消费税用于交通建设,或者提高汽车牌照、注册和运行费。一大部分州都采取了快速车道收费的措施,特别是倾向于可以在交通堵塞时扩大道路运输能力的项目。

各地政府将一部分专用税资金用于资助交通发展。比如,洛杉矶、丹佛和西雅图用本地选择所得税资助公共交通系统扩容。俄勒冈州波特兰市利用当地商业特别税捐、税收增额融资及房产税等多种资金来源,来资助一个15英里的有轨电车网络。

5)溢价回收

一些地区尝试新创收、新途径,比如溢价回收和交通事业费。溢价回收策略包括一系列回收机制,回收一部分因附近交通状况改善所带来的土地增加产值。溢价回收可以允许地区资产所有者和商户以缴纳年费形式资助交通项目,实现交通状况的改善。税收增额区是另一种形式的溢价回收,这种形式可以回收一部分房产增值带来的未来房产税,并将其用于支付基础设施建设。根据商业或居住的性质,以及他们预计出行的次数来进行收费。

6)英里里程费

根据驾驶英里数向驾驶员收取汽车行驶里程(VMT)费。汽车上安装相应设备以安全获取英里数数据,这些数据通过卫星进行收集或由驾驶员自行报告使用情况。汽车行驶里程费作为联邦政府资助的国家评估体系的一部分在俄勒冈州12个城市进行了试点。国家考虑将这项收费作为填补交通收入需求的长期手段。

驾驶里程费的优势在于它是更直接的用户使用费。收入不会随汽车效率的变高而减少。如果与全球定位系统连接,费率可以依据汽车的地理位置和出行时间而变化。大规模拥挤收费会导致每年超过200亿美元的时间延迟和燃油消耗成本。实施驾驶里程费远比收燃油税更具技术挑战性。同时还需要考虑到隐私因素,因为公民可能会考虑政府利用GPS数据追踪他们的行踪。保护公民隐私的一个方法就是严格限制政府对于人们出行位置信息数据的获取、使用和管理。

7)通行费

许多州和当地政府开始实行通行费策略来提高交通基础设施税收。这些通行费不仅可以用以资助建设新高速公路和维修现有高速公路,还可以通过各种设施管控交通堵塞的状况。根据一天中不同时间段以及拥堵等级进行动态收费特别适合于这种收费模式。

作为高速公路、桥梁和隧道建设的重要资金来源,通行费也在不断增长。自1992年以来,作为州级和本地高速公路收费来源之一的通行费从6%增加到了9%。通行费比燃油税对用户来说更直接,但却更难收集。而随着电子通行费收集和移动支付技术的出现,通行费成本效率更高更便捷。通行费被越来越多地用于收费公路的建设和维修,或者用于大容量(HOV)通道。

联邦法现在限制通行费在州际体系路线中的收取。但是自1991年《综合地面交通效率法案》(ISTEA)颁布和后继的联邦地面交通授权法案出台以来,允许出现一些超越通行费限制的个例。一些新设施和重建的桥梁及隧道可以收取通行费。这包括允许在有限州际公路路段收取通行费以资助州际公路重建和恢复的特殊试点项目。

加强社区建设:运输项目的经济利益

运输业在促进全美社区经济增长和活力方面起着重要作用。运输项目能创造就业,扩大地区生产总值,提高财产价值和计税基数,并提升总体生活水平。运输通过短期刺激效应和长期对经济产量的影响来支持经济增长。在预估运输业对经济发展的影响时,明尼苏达大学运输研究中心的经济学家指出，谨慎的投资和设计精巧的运输项目能产出可持续的经济利益，而这些经济利益大大超出所有项目的成本。

以伊利诺斯州的圣路易斯东部（一个郊外工业区）的案例为例，几十年来，这座城市的经济和人口环境逐渐凋敝；1950—2010 年间，由于限制工业化和经济衰退，人口减少了超过三分之二。面对这些挑战，21 世纪初，规划者和市民利用圣路易斯轻轨铁路系统——圣路易斯轻轨——的东向扩张颁布了一项能给这座城市带来美好未来的运输规划。圣路易斯轻轨站在爱默生公园社区的建设，将低收入居民与圣路易斯地区的工作机会联系在一起，也将一系列公交导向式经济适用房项目提供给当地居民。火车站还能引导放款人在此投资房地产，吸引发展商、零售商和雇主到此发展。十多年后，这个火车站仍刺激着经济的发展，包括近期开发的一个 2200 万美元的混合公寓楼。

8）国际合作

在过去的三十年中，全球经济越来越趋向于一体化。越来越多的环球旅行和贸易使国际政府合作变得尤为重要。需要国际合作来解决的问题包括制定环球旅行的安全标准、寻求运输工业产品的统一标准、寻找更大的监管协作、促进开放市场和国际贸易、解决全球环境问题等。

例如，民用航空开放领空协定——一项多国国际协议，用以放松国际领空的限制和规则——(尤其是对商用航空事业)通过减少政府在商用航线的路线、容量和价格决策中的干预促进了环球旅行和经济增长。自1992年起,美国一直努力与国际盟友达成领空开放协定,如今已达成一百多项协定,覆盖70%的国际航班出发港。开放领空协定促进了航空业务的灵活性,刺激了当地经济发展,加强与扩大了不同国家间的经济和文化联系。

开放领空协定预计能降低票价,提高对国际航班的需求。

在全球化经济中,随着先进技术在航空和海洋运输领域、车辆安全和燃料效率以及国际运输系统中的应用,国际合作对于提升运输系统的兼容性和一致性来说是非常必要的。国际合作调查能促进革新,解决各国共同面临的运输问题。

国际合作对解决国际环境问题也至关重要。例如,为了解决空气污染和排放问题,美国和其他国家共同努力制定了国际航运的海洋燃料质量和引擎排放标准。美国还与联合国国际民用航空组织一起,通过协调法案、共同研发新技术,设法解决由国际航空旅行造成的航空尾气排放问题。

9)政策趋势

各级各类运输机构都面临严重的资金困境,限制了他们维持现有运输系统的能力,更不用说投资未来的运输系统。虽然美国公众相信运输的重要性,但他们未能就投资多少达成一致。一些人不相信政府会高效地使用这些新的税收。另一些人则想要政府保证税收和其他的投资用于他们生活的区域,或以他们认可的方式来使用。

过去的20年是运输系统从扩张到维持的转变阶段。在州际公路系统最后一个主要阶段完成几年后,1993年联邦汽油税最后一次上调。如今,运输资金主要用于维持和改善现有交通设施。例如,现在正在起步的花费巨大的运输项目之一就是用23亿美元重建穿越奥兰多的4号公路的21英里长的延伸段,该公路将在保留现有走廊的同时增加额外交通路线以适应不断扩张的大都市区域发展需求。

一些大型工程项目将替代具有结构性缺陷的桥梁。纽约市塔潘泽桥的替换要花费39亿美元,而替换旧金山海湾大桥需要花费64亿美元。美国复苏与再投资法案的运输资金主要用于修缮和恢复现有系统而非扩大其容量。在这个一切都稀缺的时代,有远见的建设项目,如高速铁路走廊的发展,都将面临详细审查和质疑。

随着资源越来越短缺,政府被迫做出艰难的抉择,决定是否维持道路服务和一些经济上不那么重要的设施。增加对有效数据资源的使用,包括对基础设施的位置和状况,以及安全事故的位置和特点等信息,对于公共机构决策者来说变得越来越重要,他们要将资源分配到最高效使用的地方,维护好运输系统,向公众证明税收都得到了合理运用。资产管理数据帮助运输机构以最小的生命周期成本进行投资。公共机构运用安全数据来进行风险评估,引导政策实施。

逐渐地,政府寻求各种途径将管理运输系统的风险和责任转移到私营部门。但私营部门倾向于对能产生竞争费率回报的资产感兴趣。政府部门还制定战略,通过金融平衡税收,将私人和公共资金投入公共利益项目中。由于缺乏联邦的强力支持,当地政府争相寻找方法提高地方税收,资助直接对当地有益的运输项目。整体来看,美国运输系统发展取决于区域和国家层面的规划和决策制定。联邦政府有责任确保多式联运系统以及全国性的交通系统具有可持续的良好表现。

未来30年,美国要鼓励改革创新,提升运输管理的有效性。能促进运输管理和财政状况改善的政策选择包括:

(1)将绩效与动机或结果相结合,为联邦资金接收方制定重大的国家运输目标。

(2)以物质激励行政辖区协调和地方税收的发展。

(3)在区域层面加强规划和项目发展。

(4)提高数据采集和分析能力,使运输项目更以绩效为基础。

(5)量化项目的经济利益和生命周期成本,支撑维护和投资决策的制定。

(6)发展能提供可持续、可预计税收的税目,维持高效、长期的资本支出和运营费用的相关决策。

(7)通过公共伙伴关系,促进运输项目信贷的开放,制定决策,使州和市实现运输基础设施平衡发展。

(8)通过促进协调、优化许可和监督,改革项目开发进程。

(9)适时地使用货币和市场手段,高效管理需求,降低出行者和产业的负担。

2 对交通运输的影响

经济社会发展趋势如何影响交通运输体系的各个组成部分？我们需要逐一研究对于每一种运输方式的具体影响。

本章探讨了第一章中所列举的经济社会发展趋势对于美国交通运输各方式的影响。在接下来分方式的分析中，不仅阐述了主要发展趋势，也将进一步探讨安全、基础设施运营情况以及保持良好的维护状态等发展趋势所带来的影响。这些交通方式包括：

(1)公路运输。

(2)公共交通。

(3)步行和自行车出行。

(4)航空运输。

(5)城际铁路。

(6)海洋运输。

(7)管道运输。

2.1 人们为什么出行

为了解交通运输需求的发展趋势，必须了解人们为什么要出行。最常见的原因包括上下班、上学、做礼拜、购物、旅游、探亲访友以及公务出行等。目前，个人出行占所有公路运输量的3/4，货运、公共汽车和公共服务运输等构成了其余的1/4。

与30年前相比，人们的出行大大增加。尽管近年来美国人均车辆行驶里程(VMT)有所下降，但是VMT总量在过去的30年中几乎翻了一番，人均VMT也增长了约40%，比30年前增加了9000万台注册车辆和近6000万持证驾驶员。事实上，各种运输方式的出行量都在持续增长之中。客运铁路和公共交通运输都增长了1/3以上，涨幅最大的是商用航空，其客运里程增长了一倍多。然而，就像本书“如何出行”章节中所阐述的，人均出行的增长速度未来将可能放缓。

2.1.1 通勤

通勤是交通出行中最常见的一类。在过去30年中，平均通勤距离增加而运行速度下降，使美国人花费更多的时间用于通勤出行。越来越多的美国人开始独自驾驶小汽车上下班，导致很多大都市地区的交通量有所增加。

通勤出行占所有公共交通客运里程的近40%，占所有车辆行驶里程的28%。上班族出行远远超过非上班族，这一群体的出行水平是平均出行水平的两倍，其汽车出行接近退休人员的三倍。

与办理琐事、社交、娱乐等为目的的出行相比，人们在上下班时更倾向于独自出行。尽管在交通高峰小时出行中，有很大比例是非工作目的的人员出行，然而人们的通勤时间往往与出行高峰期是吻合的，即上午7点至9点和下午4点至6点。根据美国居民出行调查数据统计，平均通勤距离从1983年的单程8.5英里显著增长至2001年的12.1英里，随后略下降到2009年的11.8英里。人们用于上下班路上的时间从1983年的单程18分钟增长至2009年的24分钟。此外，自1990年以来，在所有的大都市地区，随着交通量的增长，平均通勤速度都在下降。

几乎所有的通勤交通量增长都可以归咎于不断增长的私家车出行。人口普查数据显示，1980—2013年，上班族独自驾车上下班的比例从64%增长到77%。在同一时期，所有出行的小汽车共乘率从20%下降到10%，通勤的公共运输分担率从6%下降到5%（图2-1）。

2003—2013年，使用私人小汽车出行的长期增长趋势有所减缓。随着拼车比例持续下降，公共交通、步行、骑自行车和远程办公等其他方式所占比例略有增加。开车上下班这一趋势已不再快速增长，越来越多的人开始使用公共交通和其他出行方式。总的来说，近年来发生的这些变化对于通勤模式整体而言影响较小，目前仍有超过3/4的美国人独自开车上下班。

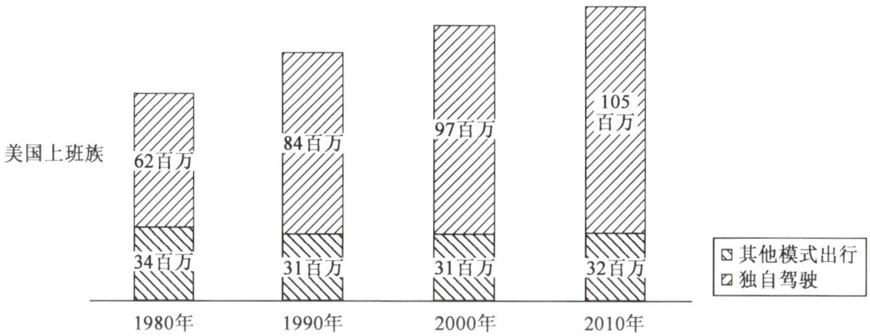

图2-1 美国独自开车上下班的通勤者数量和占比持续增长

展望未来30年，影响通勤出行最重要的因素很可能是前文中所提及的两种趋势：劳动力规模，以及灵活的工作时间和远程办公的发展。随着美国社会步入老龄化，美国劳动力人口比例预计将逐步下降，通勤人口数量增长也将放缓。灵活的工作时间和远程办公的发展，也将有助于减少通勤需求，特别是减少出行高峰期的通勤需求。上述因素将共同作用，减少大都市地区的交通拥堵。

2.1.2 非通勤出行

尽管通勤是个人出行中的一个重要组成部分，然而，近一半的美国人并不工作，大量的交通出行是为了非工作目的。这些非工作出行包括购物、办理琐事、社会交往、休闲娱乐等，它们占全部客运里程的81%和全部车辆行驶里程的54%。

与通勤模式不同，非工作出行更可能与他人一起出行。特别是社会交往、休闲娱乐、上下学和做礼拜等非工作出行，人们往往不太使用私人车辆或公共交通，而是更可能使用步行方式。非工作出行往往会出现在一天中的任何时候，以及周末和工作日。

2.1.3 长距离出行

在美国绝大多数的出行都是距离相对较短的，只有不到5%的出行距离超过30英里，然而它们却占客运车辆行驶里程大约三分之一。人们很多长途旅行都是为了探亲访友、度假，以及公务出差。与所有出行距离超过一英里的出行模式一样，长距离出行也以私人小汽车为主要运输方式。在距离超过100英里的出行中，有90%使用私人小汽车为交通工具，另有6%乘坐飞机，其余4%乘坐公共汽车和火车。

对于距离在100~500英里之间的出行，快速巴士、火车和航空公司都在争夺客户。2010—2012年，城际客运大巴的运营数量几乎翻了一番。目前，美国长途客运行业每年运送超过6亿人次，运输量几乎赶上美国的航空运输。

除了美国一些历史悠久的长途客运企业，如“灰狗”等已经运营了一百余年，出现于2005年左右的廉价城际客运大巴业务也正在快速扩张。因此，为了与这些廉价巴士竞争，传统的客运企业正在积极寻求转型。这些新加入的运营企业加剧了客运行业的竞争，同时也带来了更多的便利服务。城际客运大巴企业为了吸引旅客，采取了降低票价，提供便捷的网络售票服务，在车上配备电源，不间断Wi-Fi服务等多项措施。城际客运大巴的平均票价远远低于同一线路的火车和飞机票价，一般而言，其费用也低于自驾车成本。

快速增长的城际客运需求促使很多新的廉价客运企业纷纷进入市场，从而增加了客运安全风险。通过进一步完善联邦和各州的法律法规，加大监督管理和执法力度，可以有助于确保城际客运巴士服务的安全和便捷。

大部分超过750英里的出行都以飞机为交通工具。一半以上的国际旅行，以及几乎所有去往北美以外地区的出行，都是通过航空完成的。在国际旅行当中，有2/3是去往墨西哥或加拿大，驾驶私人小汽车去往这两个国家的占近2/3。

旅游业和美国经济

通过鼓励旅行和旅游业发展能够增加就业，促进美国城市、郊区和农村地区的经济发展。根据商务部的统计，2013年，国际游客在美国的消费总额超过了1807亿美元，相当于从2012年以来每月上涨近13亿美元。目前，旅行和旅游业占美国所有服务贸易出口的26%，是美国出口贸易中最大的服务产业，旅行和旅游业也占美国整体贸易出口的8%。由奥巴马总统提出并于2012年正式通过的美国国家旅行和旅游战略（National Travel and Tourism Strategy），提出了多项举措，以大幅增加美国国内和来美国旅行、旅游的客流量，并设定了一个目标，即到2021年，美国每年将接待一亿名国际游客。美国联邦运输部将努力与其他联邦机构一起来帮助实现这一目标。为了吸引和促进国内和国际旅游，美国需要建设世界一流的基础设施，并保持其作为全球顶级旅游目的地的领导地位。

2.1.4 货物运输

美国的货运体系是由多个相互衔接的运输方式和运输网络组成的,它们共同合作运送大量的货物,提供多样化的运输服务。增长最快的铁路货运部门是采用多式联运方式,并利用集装箱和拖车运输产品。目前,有10%以上的货物运输采用多式联运。例如,由集装箱船运输进口商品抵达洛杉矶/长滩等沿海港口,在这些港口,货物转移至火车和卡车上,再运往美国各地的内陆分拨中心。

对于很多货物而言,卡车运输都是一种主要的货运方式,特别是对于距离小于750英里的运输,卡车占据主导模式。商用卡车约占所有公路车辆行驶里程的9%。卡车之所以成为货运的主导模式,是因为广泛分布的公共道路网支持点到点的运输。

铁路和海运通常用于长距离大宗商品和原材料运输。自从20世纪80年代初对行业放松管制开始,铁路货运几乎已经翻了一番。

在美国很多地区,利用驳船运输农副产品,对于公路和铁路运输仍是一个可行的替代选择。数百万吨散货穿过俄亥俄河流域,沿着密西西比河与五大湖,以及西海岸的哥伦比亚和斯内克河运输。然而,在过去的30年里,美国国内水运吨公里大大下降,卡车运输在国内货运中占据了较大份额,美国经济也由农业生产转向服务业。

尽管航空运输只占整体货运量的一小部分,但它却是长距离高价值货物运输的一种最佳选择。美国运输量最大的货运机场是孟菲斯机场和路易斯维尔机场,它们分别是FedEx和UPS的全球枢纽,另外安克雷奇机场是美国与亚洲之间的贸易门户。除此之外,还有一些机场也承担了很高的航空货运份额,如迈阿密国际机场、洛杉矶国际机场、芝加哥奥黑尔国际机场以及纽约机场等。

2.2 公路和机动车出行

美国强大的公路系统将全国各地的人们连接在一起。安全、高效的公路、桥梁和隧道支持人们自由出行,更便捷地获得货物、服务和市场,这些都与美国人的生活息息相关。然而,美国当前的公路系统面临着诸多挑战,包括老化的基础设施、不断恶化的道路拥堵,同时政府的燃油税收还在不断降低,这些都会威胁到人们的生活品质、降低美国的经济竞争力。

展望未来30年,显而易见,本书中所强调的人口年龄构成、经济、科技、环境和文化等发展趋势都将对公路发展产生重大影响。影响美国公路发展的主要趋势包括:

(1)很多老化的公路和年久失修的桥梁需要重建和重修,为了保持美国道路基础设施的良好状态,需要更多的资金保障。

(2)更高的燃油效率标准将导致较低的燃料消耗,从而减少政府燃油税收入,这迫使政策制定者考虑其他替代性的资金来源来支持交通发展。

(3)车辆自动化技术的进步将促进安全性持续改进,提高美国交通运输系统的生产力,这也为规划者、监管机构和政策制定者们带来了新的挑战。

(4)交通安全性的不断提升将挽救成千上万人的生命。

2.2.1 发展历程

美国现代的公共道路规划和建设时代最早开始于自行车运动。在19世纪90年代,一些团体如最多时曾有15万名成员的"全美脚踏车手联盟”（League of American Wheelmen），以及“全国良好道路联盟”（National League for Good Roads），开展了“良好的道路运动”（Good Roads Movement），通过游说促进对道路建设增加公共投资。但是直到1916年，随着建立《联邦资助公路法案》（Federal Aid Road Act）以改善农村公路，标志着联邦政府正式开始资助各州的现代化公路建设。1921年《联邦资助公路法案》将联邦资助范围扩大至州际公路建设。1932年，为了解决日益增长的联邦预算赤字问题，胡佛政府颁布了“每加仑收一分钱”的燃油税政策，这也是历史上第一个联邦燃油税。直到1956年《联邦资助公路法案》（Federal Aid Highway Act of 1956）出台以前，联邦燃油税始终用于支持一般性联邦收入。

1944年《联邦资助公路法案》首次提出要建设一个完备的全美州际公路体系，但是直到1956年，在艾森豪威尔总统签署具有里程碑意义的1956年《联邦资助公路法案》以后，州际公路体系才开始得到联邦政府的资助。该法案建立了公路信托基金（Highway Trust Fund），用于支付联邦援助公路项目的费用，并将联邦燃油税收入用于该信托基金。1992年，随着超过4.1万英里的州际公路建设完工，美国州际公路体系宣告基本建成。

美国的公路体系绝大部分是由州一级公路和地方公路组成，这些道路不属于州际公路体系。美国总计有超过400万英里的公共道路，其中四分之三以上是由地方政府所有的。

> 尽管州际公路里程仅占美国所有道路里程的1%，但是州际公路却承担了17%以上的交通运输量。

随着1992年实质性完成州际公路体系建设，美国公路建设和扩张的速度开始放缓（图2-2）。在已建成的大都市地区，最为需要的是道路扩容，而这又面临着技术水平和财政资助等方面的挑战，导致了建设新的公路和桥梁的速度下降。一方面，公路规划、环境保护和工程建设标准的提高，增加了公路建设的时间和成本；另一方面，燃料效率的提高减少了政府的燃油税收入，而通货膨胀则进一步侵蚀了交通运输领域美元的购买力。随着公路建设速度放缓，车辆出行里程持续增长，导致了日益加剧的拥堵问题。当前，尽管车辆出行量增速已经放缓，全美各地仍遭受着严重的公路拥堵问题，特别是在大都市地区更为严峻。

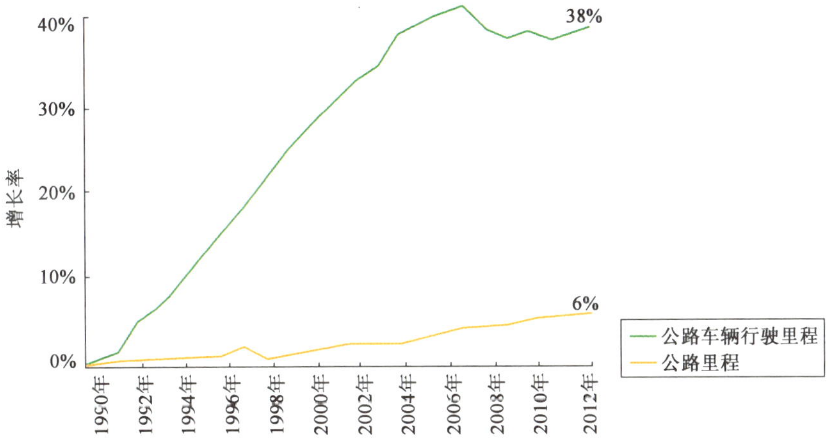

图 2-2 持续增长的车辆行驶里程和道路里程(1990—2012 年)

2.2.2 持续恶化的交通拥堵

大家每个人都有过堵在路上的沮丧经历，不幸的是，对于很多人来说，交通就是我们日常生活中的一部分。人们要花大量时间堵在路上，为了避免交通拥堵而在非正常时间上下班，人们需要更早出门赴约，或兜圈子绕过经常拥堵的地区。据估计，平均每个美国人每年有大约 41 个小时堵在路上，这相当于五天的假期。交通拥堵也阻碍了美国的经济发展，美国每年由于公路拥堵而导致的时间和燃料浪费约为1210亿美元,平均每个上班族的拥堵成本超过800美元。

> 与1982年相比,目前美国乘坐汽车的通勤族由于交通拥堵而导致的平均延误时间增长了两倍。

随着人口和经济增长越来越集中于本已拥挤不堪的城市,未来几年,交通拥堵可能会愈演愈烈。公路拥堵对人们生活中所有涉及出行和货物运输的方面都带来了负面影响。尽管车辆出行增长率低于过去的30年,然而随着未来30年内大都市地区的人口增长,预计将进一步加剧拥堵并导致道路使用者的成本增加。

据联邦公路管理局预测,长期来看,车辆出行的年均增长率将保持在0.69% ~0.82%,高于或略高于人口增长率。按照该增长率,到2045年,美国的道路交通将增长23% ~28%。由于人口增长将集中于大都市区,车辆出行增长可能会不均衡地影响快速成长的大都市区。

货运瓶颈的成本

高附加值且对时效性要求高的商品,其供应链相对较长和脆弱,特别易于受到交通拥堵的影响。交通拥堵给货主、承运人乃至整体经济带来巨大的成本损失。例如,为了防范运输延误,耐克每周花费额外的400万美元用于维持7~14天的库存量。货物每延迟一天,将导致集装箱运输企业额外使用1300个集装箱和底盘,从而增加每年400万美元的额外费用。在洛杉矶港和长滩港,集装箱运输每延迟一周,将导致每天6500万美元至1.5亿美元的经济损失。美国公路货运瓶颈问题导致每年超过2.43亿小时的货运延迟,约合65亿美元的经济损失。

交通拥堵不仅给通勤者带来不便,也会通过增加物流配送成本而影响美国的经济发展。公路运输是美国最主要的货物运输方式,未来30年,美国国家公路体系中的很多货运主干线预计将有显著的货运车流量增长。货运干线的交通拥堵降低了货车配送的可靠性,影响了企业对客户需求的响应能力,并增加了产品成本。在过去的30年,放松管制等因素提高了生产力,并降低了货运成本。尽管如此,如果缺乏对交通拥堵问题的对策措施,未来运输所有产品的成本都将进一步增长。

2.2.3 老化的公路和桥梁

目前,为了保持美国公路高质量的行驶状况,维护成本正变得越来越昂贵,这些道路大多修建于20世纪50~60年代,工程寿命在25~50年。诚然,一些州或地区相对其他地区面临着更为严峻的路面质量问题,从美国全国来看,保持良好的维护状态是一个普遍性的问题,特别是国家公路体系以外的城市和农村道路更是如此。道路和桥梁状况不佳可能会增加车辆运营成本,导致运输时间延误和事故率增加。

尽管美国的桥梁状况正在改善,但仍需进一步加大投资,用于解决桥梁持续增长的维护需求。2012年,在全部60.7万座公共道路桥梁中,约6.7万座被列为结构性缺陷,另有8.5万座被归类为功能退化。换句话说,美国有1/4的桥梁已经不能满足目前交通运输的标准。有结构性缺陷或功能退化的桥梁并非不安全,但可能需要将通过该桥梁的车辆限重或限高。

在过去几十年,政府始终将桥梁养护作为优先考虑项,并进行必要的投资来改善桥梁质量。1990年以来,结构性缺陷或功能退化的桥梁数量已经逐渐减少。修理和重建桥梁代价高昂,近年来,在州一级公路基础设施投资中,有15%以上的资金用于桥梁维修和重建。

> 美国交通运输体系中有1/4的桥梁存在结构性缺陷或功能退化。

2.2.4 不断减少的燃油税收入

由于燃油税收入的不断减少,许多州和地区很难继续维持良好的道路状态,提供可接受的公路服务水平。联邦燃油税从1993年以来就再未上调过,而另一方面,通货膨胀降低了燃油税收入的购买力。燃料利用效率的提高和车辆出行的减少进一步加剧了这一问题,2002—2012年,根据通货膨胀率调整后的联邦燃油税收入减少了31%。同期,根据通货膨胀率调整后的州一级的燃油税收入减少了19%。政府正在越来越多地利用其他的收入来源来资助公路发展,2010年,美国全部公路总收入为2050亿美元,而公路使用者付费收入仅为930亿美元。

据国会预算办公室(Congressional Budget Office)估算,在不增加额外资金补助的情况下,为了防止未来公路发展资金短缺,维持当前的公路开支水平,需要通过立法减少25%~30%的联邦公路负债,或将每加仑燃油税率提高10%~15%。国会预算办公室还进一步指出,仅为维持目前联邦公路的支出水平,就需要每年至少追加110亿~120亿美元投资(图2-3、图2-4)。据联邦公路管理局估计,为了提升全国公路系统的性能,各级政府需要至少投入240亿美元的额外支出用于基础设施建设。

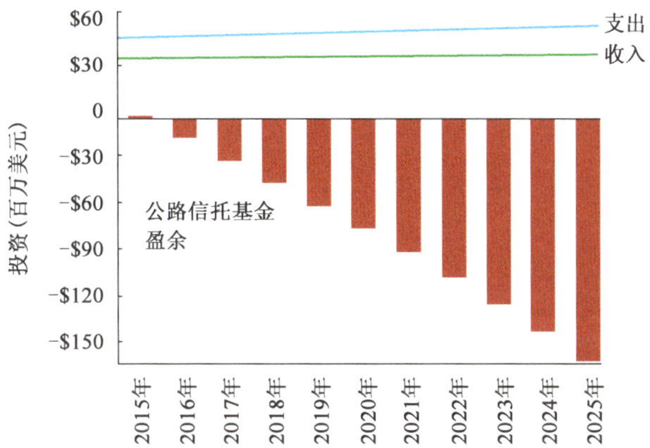

图 2-3　公路信托基金缺口(2015—2025 年)

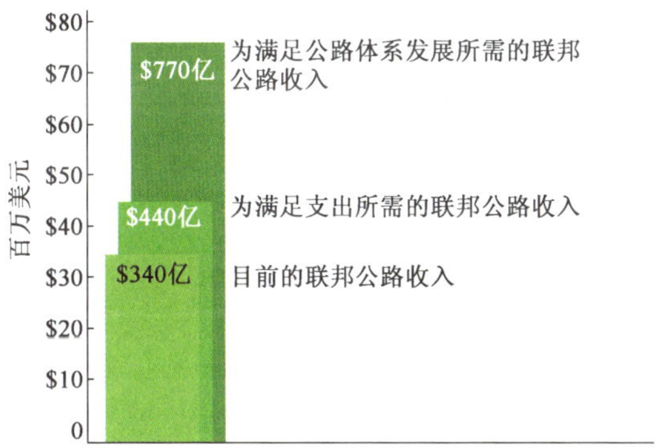

图 2-4　联邦公路收入和公路投资需求

未来更高的燃油效率标准将增强美国的能源独立性,减少空气污染,并降低消费者的成本,但同时也会造成燃油税收入减少。据国会预算办公室预计,到 2040 年,更高的燃油效率标准将导致燃油税收入减少 21%。未来 30 年,随着可再生能源利用方面的突破、电动汽车和汽车自动化发展,燃油税收入将进一步下降。

据联邦公路管理局估算,每年大约需要 770 亿美元用于满足联邦资助公路体系的需要。

展望未来,创新公路融资方式和公路收入来源可能有助于弥补燃油税收入的不足。寻找一些不依赖于燃料消耗的新的收入来源,例如对车辆行驶里程征税,收取车辆注册费或销售税等,可以帮助缓解由于燃料消费量下降所导致的收入下降的压力。通过设置更多的收费公路和采用拥堵收费政策,不仅有助于减少拥堵,同时还能增加政府收入,从而资助新的公路和桥梁建设以及维护现有的基础设施。通过采用政府与社会资本合作模式(PPP),私人部门能够投资于新的基础设施建设项目,从而加快交通项目的建设进度,同时将很大一部分项目建设风险转移给私营部门承担。

2.2.5 自动驾驶和车联网

郡政府利用联邦资金重建密西西比州的农村公路

在密西西比州的农村地区,克莱本郡、富兰克林郡和杰弗逊郡正在努力维持高质量的道路状况。许多道路的恶化速度过快,导致郡政府难以及时进行修复,该地区有60座桥梁被评估为有缺陷的桥梁。

认识到这一问题,美国联邦运输部最近从TIGER补助资金中拨款1780万美元,用于支持"三郡道路改善计划",也被称为TRI-Mississippi计划。通过开展该计划,三个郡将对总计41英里的公路和18座不合格桥梁进行现代化改造。在美国各地,通过开展类似TRI-Mississippi的计划,将美国民众与就业、上学和服务相衔接,使人们的生活更加便捷。尽管对于基础设施的投资需求巨大,但像这样的项目表明,地方政府有能力确保他们的社区能够获得可靠的交通运输选择。

新技术的诞生将对如何操作汽车和使用道路具有重要意义，告诉大家如何驾驶车辆，如何选择驾车的目的地，如何选择开车还是不开车，以及如何对道路使用进行付费。美国正面临着一个重要机遇，利用新技术来提升美国道路等交通运输体系的通行能力和效率，为人们提供更多的出行选择，同时也能在维护个人隐私的基础上，使得运输部门向道路使用者的收费能准确地反映提供服务的成本。自动驾驶、车联网和先进的汽车技术带来了很多极具革命性的变化，例如，利用障碍物检测系统提高车辆安全性，使车辆行驶间距更近从而提升道路的容载量。

不断引进车辆的自动驾驶功能可能促使车辆的安全性提高，并最终提升道路的通行能力。尽管这些功能已逐步具备技术可行性，但社会主流对于自动驾驶功能何时能够接受，自动驾驶对于安全性、公路的通行能力、出行和定居模式的影响仍不清楚。由于这些潜在的革命性技术进步，交通运输规划者们对于长期运输系统进行规划变得越发困难。

2.2.6 提升安全性

美国公路的安全性在过去几十年里得到了显著改善。汽车和道路变得更加安全，对安全带的使用率增加，酒驾率下降。在过去的十年中，美国公路事故死亡人数下降了 24%。

尽管取得了以上进步，机动车事故仍然是导致 64 岁以下美国人死亡的主要原因。2013 年，有 32719 人因车祸丧生。其中，近 1/3 的事故涉及酒后驾车，近一半事故丧生者没有系安全带。

未来 30 年，人口发展趋势、技术进步、加强交通安全落实、宣传教育和工程技术等都有可能持续地提升交通安全性。随着美国城市人口的增长，预计将有更多车辆在更安全的道路上以较慢的速度行驶。对于未成年人开车上路进行严格限制，以及美国人口整体老龄化趋势，这些因素将有助于减少鲁莽驾驶所导致的事故。随着分心驾驶等问题开始威胁到人们的公路安全，仍需继续开展相关的宣传教育并加大执法力度。

自动驾驶和车联网技术进步将有助于持续改善交通安全。车上的安全功能，如安全气囊、防抱死制动系统、电子稳定控制系统、后视镜和盲区摄像头、车道偏离预警和自适应巡航控制系统等都使车辆变得更为安全。在不久的将来，车辆自动化功能和车联网系统的应用将可能导致汽车安全性大大提高。

分心驾驶：一项严重的安全问题

分心驾驶现象正在美国各地危险蔓延。仅2012年就有3328人死于分心驾驶事故。分心驾驶包括各种各样的干扰，如调节收音机、看地图等，其中，发短信是最易令人分心的原因。以汽车在公路上的行驶速度计算，读一条短信的时间足够穿行一个足球场的长度。开车时发短信会导致出事故的概率增加23倍，预计导致每年160万起车辆事故。尽管如此，有超过一半的年轻驾驶员声称，边开车边发短信很容易。随着美国人对手机的使用越来越频繁，分心驾驶正在成为一个越来越值得关注的问题。

2.2.7 政策选择

尽管受到人口老龄化和经济发展状况的影响，私人小汽车仍将是美国人最主要的出行方式，同时，车辆行驶里程的增长速度将低于过

去 30 年。在未来 30 年,如何使用、资助和维护美国的公路,我们将面临很多重要的政策选择:

(1)通过建立可持续的资金资助机制,弥补汽车燃油税收入日益降低的购买力,为公路维修养护提供更多的联邦信贷援助和私人融资方案。

(2)利用技术来提供无缝衔接的多式联运路线、时间表、支付系统和出行信息。

(3)通过加强对公众的宣传教育、提高可负担能力、加强基础设施投资,促进人们更多地使用新兴的共享交通方式(公共自行车、小汽车共乘、公共交通等)。

(4)优先投资于重点交通运输走廊建设,提供可靠的客货运输。

(5)确保各州政府和执法机构能够采取措施解决分心驾驶问题。

2.3 公共交通

美国的公共交通正在经历一场复苏。公共交通的运量已达到 50 多年来的最高点。在过去二十年里,公共交通运量增长了近 25%,超过同期美国人口和车辆行驶里程的增长率。全国各地积极发展公共交通服务,既包括传统的以公共交通为主的东北部城市,如纽约和波士顿等城市,也包括曾经完全以小汽车出行为中心的洛杉矶和凤凰城。在过去 10 年中,美国建立了新的轨道交通运输体系。需求响应型的公共交通服务,如根据乘车者的预定,调度小汽车、货车或小型巴士提供服务的业务正在迅速发展。农村地区的公共交通也得到了改善,目前有超过 3/4 的郡县拥有不同程度的农村公交服务。

尽管从全国来看,公共交通只承担了不到 5% 的通勤交通,以及所有出行的大约 2%,但是公共交通却发挥着重要的作用,包括缓解大都市地区的交通拥堵和空气污染,并为那些不能开车或不愿开车的人们提供了一个重要的出行方式选择。根据一项预测,如果将美国15个最大的大都市地区的公共交通服务取消,并将所有公交乘客转移到私家车出行,将导致美国的交通拥堵率增加24%,以及每年超过170亿美元的经济损失。

未来30年,本报告中所强调的城市人口增长、专车服务(Ride-sourcing Services)的兴起等发展趋势都将对公共交通发展产生重大影响。这些发展趋势具体包括:

(1)大都市地区人口数量的持续增长,以及人们对于出行方式的态度改变,都可能会增加对公共交通服务的需求。

(2)持续减少的燃油税收入将制约联邦政府的资金支持力度,难以扩建和维修日益老化的公共交通系统,从而导致维修积压和更高的运输费用。

(3)先进的信息和通信技术可以提高公共交通的便利性以及公交服务的效率和响应能力。

(4)新兴的汽车技术可以帮助新的公共交通车辆持续改进安全性和提升燃料效率。

(5)气候变化将导致一些公共交通系统更易遭受洪水侵袭,首当其冲的是在低洼地区的公交体系。

2.3.1 发展历程

19世纪,公共交通是一个受欢迎的、具有变革性、创新性的交通方式。随着公共交通方式由马车和电缆车发展到郊区铁路,乃至现代化的地铁和电动公交车,人们利用公共交通系统远离过度拥挤的城市中心工作和居住,从而推动城市发展边界向外扩展。公共交通体系曾经由私人部门运营,受利益驱动,往往为了支持所在地区的房地产发展而建设。

谁在乘坐公共交通?

现如今,公共交通如同50年前一样受到人们欢迎。在美国各地,无论年老年幼,无论何种肤色,越来越多的人在乘坐公共交通。那么,公共交通的使用者都是谁呢?

毋庸置疑,乘坐公共交通的人往往居住在那些拥有便捷、可靠的公共交通体系的地区。他们对公共交通的使用有一定规律性,在所有出行中,大约70%为上班和上学的人。与那些年收入在5万~15万美元的人相比,年收入低于5万美元的人更可能是定期的公共交通使用者。那些年收入超过15万美元的人对公共交通的利用率也较高。此外,大约30%的公交乘客没有私家车,30岁以下的年轻人使用公共交通的概率是30岁以上人口的两倍。

然而,汽车的出现、现代化高速公路体系的建立以及美国人口郊区化趋势改变了这一切。美国的公共交通运量在1946年达到峰值,之后迅速下降。到1963年,公共交通运量已下降到峰值的1/3。地方政府机构开始接管公共交通系统,这使得公共交通运输对于私人部门而言不再有利可图。1964年出台的《城市大容量交通法案》(Urban Mass Transportation Act of 1964)建立了联邦公共交通管理局(FTA)的前身,联邦政府开始对地方交通管理机构提供资助。尽管有联邦政府积极支持公共交通发展,公交运量在20世纪90年代仍持续疲软,美国人在私家车上花费了越来越多的时间。

2.3.2 公共交通运量和服务提升

20 世纪 90 年代，在对公共交通体系的改善和发展进行了数十年的政府投资之后，公共交通运量终于开始再次增长。在过去 20 年间，以城市轨道交通运输增长为主导，公共交通运量增长了 20% 以上，与同期大都市地区人口增长速度基本一致。不断增加的城市人口和公共交通服务地域的扩展有助于刺激公交使用率。过去 20 年，公共交通运量增长最快的城市，既包括传统的以公共交通为导向的城市，如纽约、华盛顿特区、波士顿、费城和芝加哥等，也包括公共交通体系快速发展的城市，如西雅图、迈阿密、拉斯维加斯、丹佛和圣迭戈等。很多公共交通管理机构大幅扩展了公交服务，自 1995 年以来，用于衡量公共交通服务的指标——公交车辆服务小时收入（Transit Vehicle Revenue Service Hours）增长了 46%。同期，通勤铁路服务也增长了近 50%，轻轨服务增长了一倍以上，电召式辅助运输服务增长了两倍（图 2-5）。

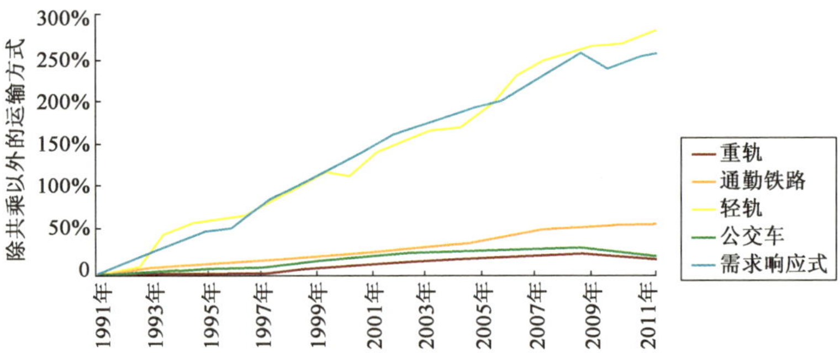

图 2-5 公共交通运输量分方式增长率

公共交通管理机构也在投资购买新的公交车辆，建设公共汽车候车亭和票务系统，从而使公交服务更加便捷。尽管近十年来，人们对传统公交巴士的使用率有所下降,但是电召式按需服务、货车服务等创新的公共交通运输服务却在迅速发展。公交车拥有优先路权,快速公交运输系统(BRT)已在波士顿、克利夫兰、迈阿密、尤金、拉斯维加斯、洛杉矶、匹兹堡和西雅图等城市建设运营。

未来30年,城市人口的增长、日益拥挤的道路以及人们出行态度的变化都有可能持续提高公共交通运输量。人们越来越关注公交设施附近的紧凑型发展、土地混合利用开发以及公共交通为导向的土地开发(TOD),这也有助于提高公共交通运输量、节约城市土地。例如,为了减少来自汽车排放的温室气体污染,加利福尼亚州正在开展一项雄心勃勃的计划,在公共交通设施附近修建经济适用房。

人们在提高公共交通场站对于残疾人士的可达性方面也有了明显进步。在过去20年中,公共交通管理机构进行了大量的基础设施建设投资,使美国几乎所有最繁忙的公共交通场站都按照《美国残疾人法案》(Americans with Disabilities Act,简称为ADA)的要求实现了可达性。目前,几乎所有的公交车辆和2/3的公共交通场站实现了《美国残疾人法案》所规定的可达性(图2-6)。

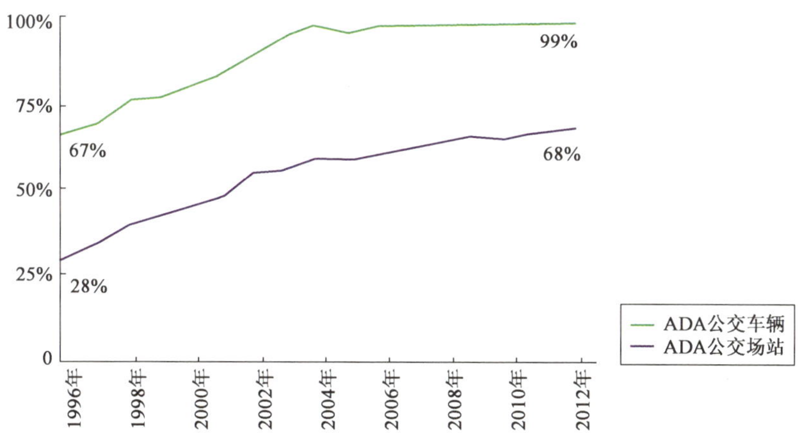

图2-6　美国残疾人士使用公共交通的可达性(1996—2012年)

2.3.3 不断增长的公共交通服务成本

过去20年,随着公共交通乘客数量的增长,日益老化的车辆和基础设施增加了公共交通系统的维护成本。整体而言,美国公共交通系统面临着大约860亿美元的维修养护资金缺口。按照目前的资金情况估计,到2030年该缺口将扩大到1410亿美元。为了解决这一问题,需要公共交通管理机构将目前每年约100亿美元的维修养护投资提高到180亿美元。

> 美国公共交通系统面临着大约860亿美元的维修养护资金缺口,到2030年该缺口将扩大到1410亿美元。

随着公共交通客运量的增长,需要进一步加大投资,以保持目前的公交服务水平。为了使公共交通客运量增长率继续保持过去15年的水平,公共交通管理部门需要每年投资约70亿美元用于扩展现有的公交网络。为了有效保持现有公共交通系统的服务条件和水平,绝大部分投资应用于公交客运量增长较快且资金需求更紧迫的大都市区,如纽约、旧金山和芝加哥等。

筹集足够的资金来满足美国日益增长的公共交通运输需求,这意味着政府必须找到增加收入的办法,以支持公共交通发展。公共交通客运量的不断增长有利于提高来自于车票的收入,但是美国每年用于提供公共交通运输服务的成本接近600亿美元,而车票收入仅能覆盖约23%。除此之外,对于公共交通的资金支持还包括各联邦、州、地方政府以及私营部门等多种途径。联邦、州和地方的燃油税资金提供约100亿美元的资金支持，此外，州和地方政府还使用销售税和燃料税收入、一般性基金以及其他专门性的税收收入来补足公共交通服务的资金缺口。

提高公共交通的安全性

公共交通客运的死亡率大约是私家车的1/20，这一死亡率从2004年以来基本保持不变。除去自杀以外，公共交通客运死亡率非常低，每2.5亿客运英里仅有一人死亡。尽管取得了明显进步，公共交通与其他交通方式相比，提升安全性的进展相对较慢，公共交通的安全性仍有改善空间。2012年发生的几起轨道交通重大安全事故导致联邦政府对公共交通领域的安全监管范围进一步扩大。

除了维护现有公共交通系统的资金需求以外，未来几十年，由于公共交通网络不断扩大、系统老化，公共交通成本很可能将继续增长。随着新的公交运输服务扩展到人口较稀少的城市，以及人口老龄化对于辅助客运服务需求的增长，公共交通运营成本有可能进一步增加。为满足这些需求，美国要采取创新策略，更加有效地运营公共交通系统并实现更多的盈利，以支持开展有针对性的投资。

2.3.4 技术改变公共交通

信息和通信技术的发展，提供了实时的车辆时刻信息以及便捷、无缝衔接的购票系统，从而大大提升了公共交通的便利性。同样的技术使人们越来越容易获取和使用公共交通数据,便于公共交通机构改善运营管理。例如,利用一天当中不同时段的出行信息,公共交通管理机构可以对不同的替代道路、车道关闭或巴士服务路线改变所导致的影响进行模型预测。

随着未来数据处理能力的提升,利用不断改进的交通数据和出行需求数据,将形成一个更具活力的需求响应式公交车排班和调度体系,并有可能取代一些夜班车或中午的固定线路公交服务。利用传感器和移动技术,公共交通体系也可以为当地和区域性的交通运输管理部门采集交通和路况信息。

除了数据和移动技术,自动驾驶和车联网技术有望提升公共交通的安全性、效率和便利性。例如,将十字路口的信号控制系统与公共交通信息系统相连,从而通过信号优先来确保公交车按时刻表运行并保持一定的时间间隔。PTC 公司利用数字和无线通信技术以及 GPS 系统,可以使调度员对列车进行远程控制,这将有望提高公共交通的成本效率,提升城市轨道交通体系的安全性。未来 30 年,美国将充分利用 PTC 和自动驾驶技术等,构建一个新的城市公共交通体系。此外,无人驾驶车辆将提高公交车的运输生产率,并有可能促使公交路网的扩展。

在过去 10 年中,公共交通管理机构已通过实践表明,他们已做好准备利用先进的燃料电池技术、电动汽车发动机和其他的车辆新能源技术来减少污染物排放、节省燃料成本。美国公交车使用压缩或液化天然气、生物柴油的比例从 2000 年的 7% 增长到 2011 年的 26%(图 2-7)。此外,还有 9% 的公交车为电动或混合动力车。随着美国国内天然气产量的增加,公共交通管理机构有望使用更多高效的液化天然气车辆来替代柴油或汽油车。

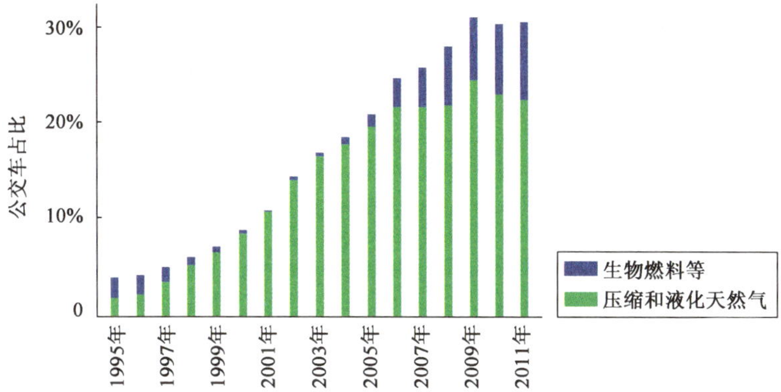

图 2-7　公交巴士所使用的替代燃料(1995—2011 年)

2.3.5　应对气候变化

美国有很多繁忙的公共交通运输系统位于沿海的大都市地区,包括纽约—纽瓦克地区的公共交通系统等,极易遭受海平面上升和频繁风暴潮的威胁。地铁和公交车隧道、铁路场站、轨道、控制信号等公共交通基础设施通常位于地下,处于低洼地区,特别容易受到洪水侵袭。为了应对气候变化所造成的影响,针对这些处于风险中的基础设施,公共交通管理机构需要评估其对气候变化危害(如热浪和洪水等)的承受能力,并制定应对策略,例如对现有的基础设施进行加固改造以防止进水,将新的交通设施远离易受洪水侵袭的平原等。

2.3.6　政策选择

未来 30 年,公共交通将有望在通勤出行和本地的非通勤出行中占据越来越大的比例。尽管如此,仍有很多因素将会影响人们的出行方式选择,包括交通方式的可用性、成本和便捷性。扩大公共交通网络将有助于促进出行模式的转变,但是权衡公共交通的投资效益必须要考虑成本问题,因为建设和维护轨道交通基础设施需要较大的初始投资,此外,为了保持一定服务质量和维护水平还需要长期的资金保障。为了保持和提升公共交通的重要地位,一些可行的政策选择包括:

(1)对于目前急需修复的公共交通基础设施,加强投资重建和修复。

(2)减少总的出行时间,提高公共交通服务的准点率和发车频率。

(3)加强对快速公交服务的投资,通过将现有的通用车道改造为公交车专用路权的区域连接网络,大大提高公共交通的安全性、可达性、出行速度、频率和可靠性。

(4)建立可持续的财政资助机制来抵消燃油税收入购买力的下降。

(5)加强对基础设施的性能评估,增加投资,维持良好的基础设施状态。

(6)促进共性技术和统一平台建设,使公交支付更加无缝衔接和便捷。

2.4 步行和自行车出行

步行和自行车出行方式为很多美国人提供了一种具有吸引力的、积极的低成本出行选择。自行车和步行已成为本地非通勤出行的重要组成部分,在城市地区尤为突出。在一英里以内的出行中,步行和自行车方式占近一半比重;在所有的出行中,步行和自行车方式所占比重也超过10%。在未来30年,影响步行和自行车出行的发展趋势包括:

(1)随着大都市地区的人口增长,人们生活方式选择将会更倾向于自行车出行和步行,基础设施建设也将为自行车出行和步行提供便利,自行车出行和步行的热度将持续上升。

(2)全美各地的城市和乡镇将会进一步加大对自行车出行和步行相关基础设施的投资,以便适应这两种出行方式的需求增长。

(3)由于人们使用自行车和步行出行变得更加频繁,如何保障行人和骑车者的安全成为政策制定者们需要迫切解决的一大问题,这一问题在城市地区将尤为突出。

2.4.1 民众热度持续提升

从19世纪60年代开始,随着美国人口的郊区化,以及以小汽车为导向的出行方式发展,骑自行车和步行的热度有所降低。在1969年,将近一半的小学生和中学生骑车或走路上学,而现在只有13%骑车或者走路上学。在1980年,5.6%的美国人走路上下班;而在2012年,只有2.8%的美国人通勤方式是步行。然而,有证据表明,近年来越来越多的美国人选择步行和骑自行车出行。根据全国出行调查数据显示,在全部出行总量中,步行占比从1995年的5%提升到目前的10%以上,这主要是因为以社交和休闲为目的的步行出行逐渐增多。尽管只有少于1%的美国人每日骑车上下班,但是骑车通勤的总人数已在过去10年中增长了将近一倍。

在那些人口密集、公共交通系统完善、学生人数众多以及对步行和自行车基础设施有较大投资的城市,步行和骑自行车通勤更加普遍。在波士顿、华盛顿、纽约和旧金山这四个城市,超过10%的人骑自行车上下班。这四个城市的公共交通通勤分担率也非常高,纽约56%,华盛顿38%,旧金山34%,波士顿33%。俄勒冈州波特兰市的自行车通勤率最高,达到了6.1%。

未来30年，美国各大城市已经规划了数以万计的新建自行车基础设施。

2.4.2 加大投资

过去的交通基础设施是为适应大流量的汽车交通而设计的，使得步行和骑自行车出行更加困难。过去10年来，许多城市已经承诺改变这一现状，实行完整街道政策（Complete Streets Policies）以确保道路设计满足所有使用者的需求，包括公交车、行人和骑车人等。相关的技术包括“公路瘦身”、行人和自行车专用信号指示灯、独立的自行车道等。

美国很多城市在扩张他们的自行车道路网。不仅是纽约、旧金山和芝加哥这样的大都市，开曼群岛的路易斯维尔、北卡罗来纳的罗利、亚特兰大州巴克海特地区、密歇根州的芬戴尔、福蒙特州的拉特兰、俄亥俄州的伊利里亚等，都在对自行车道进行规划和建设。很多城市也开始发展一种新的系统，即自行车共享计划，将自行车摆放在街边用于短期出租。在实行自行车共享的城市里，这一系统大大提升了自行车的使用率，特别是用于不同公共交通方式之间的换乘。

1991年以来，联邦政府对于加强步行和自行车发展方面的投资显著提升。得益于联邦刺激计划，联邦政府的投资在2009年到达了峰值，在步行和自行车出行方面的总花费也比十年前增长了一倍以上（图2-8）。2013年，联邦运输管理部门资助了7.76亿美元用于步行和自行车设施建设及相关项目。这项投资占了联邦交通运输部门总投资的2%。

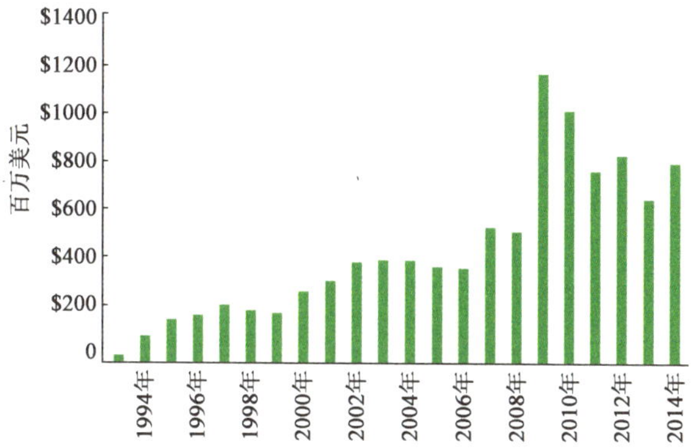

图 2-8　联邦资助公路计划用于步行和自行车设施及项目的投资(1993—2014 年)

2.4.3　安全趋势

1990 年以来,骑车人和行人的安全保障显著提高。行人和骑车人的交通事故死亡数量从 1980 年到 2012 年下降了 41%(图 2-9)。尽管如此,如何保障交通运输系统中这些最易受伤的使用者安全仍然是个问题,对于减少行人和骑车人的伤亡,美国还没有取得类似于减少公路事故伤亡一样的成功。数据显示,2009 年以来,行人和骑车人的死亡数量持续上升,并且大部分发生在城市地区。

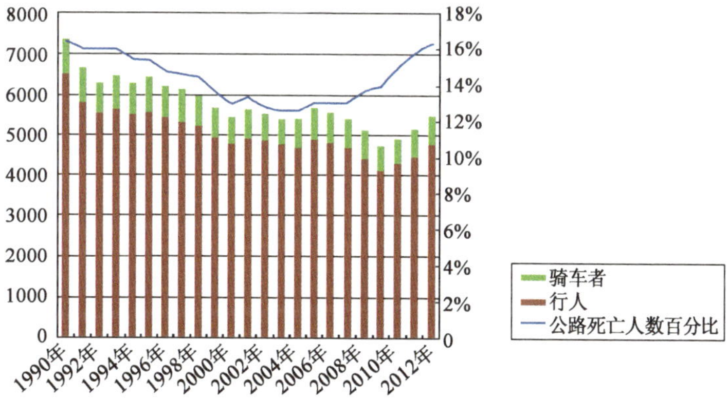

图 2-9　自行车和行人交通事故死亡数量(1990—2012 年)

2.4.4 政策选择

未来30年,采取以下政策有助于确保步行和自行车出行的持续发展和安全水平的提升:

(1)在多式联运公交枢纽站内部及周边,加强步行和自行车基础设施建设,混合开发利用资源,促进无车出行。

(2)重新设计和改建道路,为汽车、自行车、行人及使用其他辅助移动设备的人提供安全、和谐的交通环境。

(3)对驾驶员、行人、骑车人进行宣传教育,使其明确自己在公共道路使用方面的法律责任及恰当的行为。

(4)制定相关政策,提高残疾人和老年人出行的安全性和机动性。

2.5 航空运输

美国的航空运输系统让朋友、亲人之间联系更加紧密,支持国内和国际的商贸旅行,为时间要求紧迫的货物提供极速快运。一个功能完善的航空运输系统对确保美国的经济增长和人民生活质量十分重要。作为这个系统中的重要组成部分,美国的商用航空平均每天有超过29000架次国内与国际航班,为200万旅客和2.1万吨货物提供运输服务。美国航空系统中另一个重要组成部分是专用航空,其机场已形成广阔的网络体系,专用航空为社会经济发展做出了重要贡献,在没有定期商业航班或商业航班不便使用的情况下提供运输服务。

未来30年,随着航空运输的技术创新与需求的持续增长,将会带来更多的挑战和机遇,要求政府和航空运输行业更具弹性和创新性。

未来影响航空运输的发展趋势包括：

(1)持续增长的航空客货运需求将增加航空拥堵，从而影响航空运输的服务质量，尤其是在繁忙的大都市机场。

(2)对老化的航空运输控制设施设备的维护压力将会增加。

(3)下一代航空运输系统(NextGen)技术将被逐渐运用于美国的航空系统，提升安全性，减少延误，提升燃油的使用效率。

(4)随着科技、管理和运营难题被逐步攻克，商业用途的无人机系统和太空旅行将会增加。

2.5.1 发展历程

美国的民用航空系统在19世纪初产生，起初由政府作为邮件快递系统进行经营。随着航空旅行变得更加安全、快速和便捷，它的受欢迎度逐渐提高，到19世纪50年代航空运输变成了长距离旅行的一种出行选择。从1926年的《航空商业法案》(Air Commerce Act 1926)中可以看出，联邦政府已经开始采取措施来促进商用航空发展，并确保航空运输系统的安全性。第二次世界大战之后，在大多数机场，航空交通管制变成了联邦政府的一项责任。1958年，联邦航空管理机构(Federal Aviation Agency)成立，并在1967年正式更名为联邦航空管理局(Federal Aviation Administration)，成为了新成立的联邦运输部(Department of Transportation)的一部分。1978年颁布的《航空公司放松管制法案》(Airline Deregulation Act 1978)，创建了一个高度竞争的航空产业，也逐渐使得联邦航空管理局(FAA)工作量成倍增长。自成立以来，联邦航空管理局一直致力于使航空交通管制系统更加现代化，提升整个航空运输系统的安全性和保障性。

2.5.2 需求不断增长

大萧条(Great Recession)之后,航空运输需求持续稳定增长,预期未来随着经济发展、人口增长以及经济全球化的纵深发展,国内国际航空运输需求将逐渐增加。未来20年,美国航空公司运输的乘客数量预计将增长约50%,同期,往返美国的国际航班乘客数量增长将超过一倍。这将导致航空管理工作的增加,并且可能使一些本已比较繁忙的机场空中交通更为拥堵。

航班延误和拥堵每年造成200多亿美元的损失。2014年,仅有76%的国内航班保持准时。美国最繁忙的机场都有着较高的航班延误率,包括三个纽约州区域的机场——肯尼迪、拉瓜迪亚机场和纽瓦克机场,以及旧金山国际机场,费城、亚特兰大、芝加哥奥黑尔机场等,这些机场的航班延误也往往会引起整个国内航空系统的延误。根据2010年美国审计署(GAO)对联邦航空局(FAA)的数据审查显示,全国80%的航班起飞延误都是由这七个主要机场造成的。美国10座延误率最高的机场见表2-1。

美国10座延误率最高的机场 表2-1

所有城市	2013年航班准时率
纽瓦克市,新泽西州	70.4%
纽约,纽约州	72.2%
旧金山,加利福尼亚州	72.7%
芝加哥,伊利诺伊斯州	73.5%
纽约,纽约州	75.0%
劳德代尔堡,佛罗里达州	75.3%
费城,宾夕法尼亚州	76.0%
丹佛,科罗拉多州	76.8%

续上表

所有城市	2013年航班准时率
芝加哥,伊利诺伊斯州	77.2%
华盛顿,华盛顿州	77.5%

专用航空运输

大多数航空乘客在遍布美国的389个主要机场乘坐飞机。然而,美国境内还有超过19000座飞机场、直升机场、水上飞机场和其他的着陆设施,这些设施大多被用于专用航空运输服务。专用航空机场提供多种多样的特殊化服务,比如进入远程社区,提供紧急医疗服务,救火,执法和边界的管制,飞行训练,货运和商业运输,农业服务和休闲航空等。

2.5.3 动态的航空运输产业

自从世纪之交以来,商用航空承运企业遭受了一连串重大打击,导致航空需求变化起伏,包括2001年的"9·11事件"、不断增加的燃料成本以及全球经济的严重衰退。为了应对这些挑战,航空公司调整了商业模式,包括降低运营成本,取消不能盈利的路线,减少使用老旧和燃油效率低的飞机。从2010年开始,客运和货运航空公司开始实现净利润。尽管在过去20年,扣除美元通货膨胀之后的平均往返旅行票价降低了15%,但很多航空公司却通过实行服务性收费来增加收入,例如收取行李费,以前这一费用包含在票价之中。航班的载荷系数(即飞机上常客乘坐数量占总座位数的百分比)从1990年的69%增长到目前的83%。

为了节省成本、提高收入,很多航空公司逐步改用更大的飞机取代之前的飞机，这样每次飞行中可以运输更多乘客。随着航空产业内部的合并及合理化，那些服务于较小型、盈利性较差机场的航班数量也有所减少。这也导致那些较小的社区可达性变差，因为它们为大型飞机提供起降服务已变得不划算。2007—2012 年，共有 24 个小机场丧失了航空运输网络承运服务。

2.5.4 提升航空运输体系的现代化

为了最大限度利用新兴技术满足公众对航空运输的需求，联邦航空管理局对下一代航空运输系统（NextGen）进行重点投资。NextGen 是对航空运输体系全方位的变革，包括升级航空运输管理技术和程序，加强机场基础设施建设，以及改善环境、安全和安保问题。NextGen 技术使用卫星导航，可以缩短不同航线间距，节省燃料并减少飞机延误。

NextGen 包括数字通信、卫星监控、更先进的领航技术和安全系统，用以提升国内航空的客容量，提升航班的可预测性。新的数字技术将提高航班和天气信息的准确度，并且加强飞行员和航空交通管理员的交流。联邦航空管理局预计在未来 15 年内，NextGen 将通过减少航班延误或取消，以及减少飞行时间，实现超过 1300 亿美元的经济和社会效益。

为使 NextGen 给社会造福，航空产业和公共部门需要进行巨大的经济投资。2013—2030 年，除了用于运营和维护已有的系统和基础设施的费用外，联邦航空管理局还将针对 NextGen 投资逾 140 亿美元。

为使 NextGen 最大程度地发挥作用，需要有大量航班装配必要的电子设备才能实现。一些商业航班已经配备了 NextGen 所需设备，但是改装未安装这些设备的飞机会使得经营者支付一大笔开销。联邦航空管理局估算在未来 15 年,航空运营企业将花费 150 亿美元用于安装 NextGen 电子设备。

机场和航线信托基金(Airport and Airway Trust Fund)为联邦航空管理局提供重要的资金来源,其收入主要来自于国家空域系统使用者所缴纳的各类税款。在过去五年中,联邦航空管理局有大约 60% 的资金被用于完善航空管制系统和安保项目。大约 20% 的资金用于机场改善项目(Airport Improvement Program),为机场提供补助金以提升机场吞吐能力,加强安保以及保护环境等,例如:跑道建设和修复,机场照明设施建设,消减机场噪声等。联邦航空管理局其余的资金用于航空设施设备的现代化改造和维护,以及研发、实施和促进 NextGen 等新的航空运输技术。

过去几年,由于受到预算限制,导致航空运输控制系统基础设施推迟维修保养,使得紧急情况下的运营能力和稳定性始终处于风险之中。一些重要的航空运输控制设施已经用了数十年,变得很老旧,但是要想替换或者加固这些基础设施需要大量投资。在当前预算环境下,联邦航空管理局维修养护"欠账"将会持续增长。

一天 24 小时进行复杂的企业运营,同时对整个国家空域系统开展复杂的现代化基础设施项目建设,这些都对管理机构提出了挑战,特别是面临预算限制,优先投资于哪个方面存在冲突问题。联邦航空管理局通过进一步加强对项目管理的关注,提高与企业的合作,从而提高了安保程度和项目执行效果,并与航空企业在未来几年进行 NextGen 优先配置达成共识,此外,联邦航空管理局还在不断寻求进一步完善航空运输管理的契机。

2.5.5 整合无人驾驶航空系统

最近几年,私营部门对于无人驾驶航空系统(Unmanned Aircraft

System)的兴趣迅速提高。私营部门认识到无人驾驶飞机具有广泛的发展潜力,其作用包括从作物喷洒和陆地侦查到人道主义救灾和电影制作等。最新的美国联邦运输部报告显示,到2035年,全国包括公共用途和商业用途在内的运营中的无人驾驶飞机总计将达到25万架。

1990年,联邦航空管理局首次允许无人驾驶飞机在美国空域系统中使用。大多数被允许运营的无人驾驶飞机是用于安全监管、科研和环境监测等目的。无人驾驶飞机在大城市这种有人驾驶飞机比较多的区域,是被限制运营和逐一进行许可的。目前,对使用无人驾驶飞机的限制主要是围绕其安全性和用途等问题。分阶段整合无人驾驶航空系统的新规正在编纂之中。

从2013年起,美国国内有六个测试点开展无人驾驶飞机研发。为了安全地将无人驾驶航空系统与美国空域体系整合,一些技术和程序上的问题必须得到解决(例如,确认无人驾驶飞机可以侦测和躲避其他航空器,并且可以与飞行员进行交流)。联邦航空管理局正在尝试对无人驾驶航空系统进行分阶段整合。这样可以确保美国航空系统的安全,并对风险进行管理。

为了有效、安全地运行无人驾驶航空系统,建立一个规范性的框架协议,包括认证和技术标准,以及收集和分析安全数据的程序等,仍然存在很大挑战。

2.5.6 安全趋势

过去50年,乘坐商用飞机变成了最安全的旅行方式。从19世纪60年代起,航空事故率大幅下降。如今,商用航空致命事故发生率极低,99.997%的航空运营没有安全事故。平均而言,如果一个人每天坐飞机,飞行5万年都不会遇到致命事故。2013年,超过8亿客运英里的飞行没有航空事故死亡。从全球来看,2005—2013 年,定期商用航班事故率下降了 36%,致命事故率下降了 82%,每百万次航班仅有 5.4 名乘客死亡(图 2-10)。

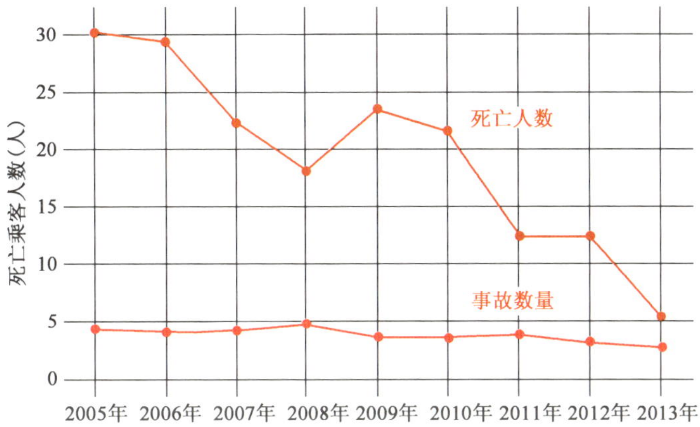

图 2-10 航空事故(每百万定期商用航班)

资料来源:国际民用航空组织。

商业太空运输

2009 年商业太空运输和其提供的相关服务,如天气预报、应急和灾难反应、信用卡支付等,总共实现了 2080 亿美元的经济收益。当前,商业太空运输被用于发射卫星进入轨道,从国际空间站寄收货物,以及开展科学技术实验等。航空旅行也逐渐成为一种趋势,并已经开始对一般公众开放。

提升安全性需要发展相应技术,积极训练,制定有效政策和使用风险控制进行安全管理。航空体系管理者应对安全事故进行系统分析并吸取经验。复杂精细的航空系统和现代化的航空交通控制技术也可以提升飞行员和航空管理员的情景关注度。目前,联邦航空管理局越来越多地使用工具和技术进行数据记录、收集、报告和分析，目的是更早识别、评估和缓解安全风险。这些工具和技术给联邦航空管理局提供了充足的安全数据，让他们可以做出更明智、基于数据分析且风险更小的决策，并且通过与产业及全球相关部门合作，及时发现和预测可能会演变为灾难的安全风险。

这些以数据为基础的方法帮助联邦航空管理局提升了航空安全，数据分析也贯穿于联邦航空管理局的政策、标准和培训计划。由于航空运输死亡率极低，通过在事故发生前更加有效地利用和分析数据从而避免碰撞就变得更有必要，而不仅是分析已经发生的事故。未来需要我们从论证分析转变为更加可预测的安全性分析。未来，航空业面临的安全性挑战主要集中在新技术的使用，新型飞机进入整个航空系统的安全性（如太空发射，无人驾驶飞机等），以及在越来越拥挤的航空枢纽港周围保持高级别的安全性。

2.5.7 政策选择

航空业在过去 30 年改变很大，随着新技术的面世以及人口和经济的持续增长，毫无疑问，航空运输业将在未来 30 年持续发展。能够影响未来航空运输系统前进方向的政策选择包括：

（1）确保美国国家空域系统有充足的资金用于日常运营和基本建设投资。

（2）平衡航空运输系统的多种需求，这些需求有时甚至是相互矛盾的，包括现代化、维护保养、可达性、效率、承载量、环境可持续发展和高品质服务等。

（3）确保将商用航天飞机及无人驾驶飞机系统安全地纳入美国国家空域系统，并降低对其他空域使用者的风险。

(4)逐步转向协调性更强、更多以数据分析和风险控制为基础的安全管理方法来主动应对即将发生的安全风险。

(5)提升机场对于乘客和货物的地面运输可达性。

2.6 城际铁路

城际客货铁路网是美国大型综合交通运输网络中的重要组成部分。由 Amtrak(美国国铁)公司运营的城际客运铁路系统每年运送上百万旅客穿梭于全国各地。货运铁路运输是一项价值 700 亿美元的产业,把美国的消费者与农业、经济、物流和制造业中心紧密相连。

未来 30 年影响美国客货运铁路系统性能发展的趋势包括:

(1)在不断扩张的大都市区,侧重于速度和可靠的客运铁路服务需求将持续增长。

(2)铁路乘客数量的增长会持续改善 Amtrak 公司的财务状况,但是在缺乏持续的联邦资助背景下,Amtrak 公司在提供全国铁路客运服务时仍将面临高昂的服务成本带来的挑战。

(3)铁路货运需求的增长,将为缓解货运瓶颈及客货运矛盾带来更大压力。

(4)铁路运输安全性将持续提升。

2.6.1 城际客运铁路

Amtrak 负责运营美国的城际客运铁路系统。通过 1970 年《铁路客运服务法案》(1970 Rail Passenger Service Act)成立的 Amtrak,目的是为了在私营铁路行业动荡的金融环境下,确保客运铁路运输服务的延续性。Amtrak 公司是公私合营企业,运营的全国铁路网超过 21000

公里，覆盖全美46个州的500个地点，以及哥伦比亚特区和加拿大的三个省区。

2.6.2 增长的铁路客运量

美国的城际客运铁路系统每年运载3000万乘客。数以百万计的乘客所搭乘的通勤列车，其轨道通常是由Amtrak和货运铁路轨道通用的。尽管使用Amtrak铁路出行不及美国国内所有城际出行的1%，但近年来其客运量却在不断攀升。自1993年以来，Amtrak年客运量增长超过50%，2014年的铁路客运总量达到3090万人。随着铁路越来越受到年轻人的欢迎，以及如电子票务和宽带接入等铁路服务的提升，促使了铁路客运需求的增长。

铁路客运对于城际交通是一个有吸引力的出行选择，尤其是对于100～500英里之间的出行。美国国铁在出行距离少于250英里的客运量占比超过85%，而出行距离超过400英里的占比不到5%。Amtrak的旅客人数在一些大区域，如东北运输走廊、芝加哥枢纽地区和西海岸地区的增长尤为迅速。超过1/3的Amtrak乘客主要沿着华盛顿特区、纽约和波士顿的东北运输走廊旅行。

Amtrak拥有的基础设施支持着重要的通勤铁路服务，尤其是在东北运输走廊区域。平均每个工作日有超过84700名乘客使用Amtrak自有的基础设施所提供的通勤铁路运输服务。此外，各州通过与Amtrak公司签署运营合同，也同样为乘客提供全国城际铁路运输走廊客运服务。这些由各州支持的铁路线路运载着将近一半的Amtrak乘客。这是铁路客运服务行业的一个转变，从Amtrak集中提供运营服务向由各州和地方政府提供更多服务资助、管理、监督的方向转变。尽管这种转变才刚开始，但最终会导致在Amtrak以外产生很多城际铁路运营商。

城际高速铁路

联邦铁路局的城际高速铁路计划已为各州的关键铁路运输走廊提供100亿美元的资金。目前,有多个工程正在进行中,包括投资将近10亿美元的东北运输走廊升级工程、39亿美元的加州高速铁路铺设地基工程、19亿美元的中西部铁路轨道升级工程。基于加利福尼亚州高速铁路的建设预期,这些工程大部分集中在对现有的铁路轨道和车辆进行升级,从而提升速度减少延误。

未来30年,美国人口将增长23%,包括铁路客运等各种运输方式的客运需求均会增长。随着美国人口和经济增长越来越集中于主要的大都市地区,铁路客运对许多出行者来说可能会成为一个更有吸引力的选择。高速公路和机场的拥堵加剧也会使铁路客运成为一个更具竞争力的出行方式。其他如年轻人驾驶态度的改变等社会观念和文化的转变,也会影响未来的客流量。未来,人口密集运输走廊地区的高速铁路运输服务将为城际旅客提供更多出行选择,帮助缓解主要大都市地区的高速公路和机场的繁忙拥堵现象。

2.6.3 资助客运铁路发展

与高速公路、公共交通和航空运输不同,铁路客运缺乏一个可预期的专项资金来源。客运铁路的票务收入是Amtrak的基本资金来源。2014年,Amtrak的票务收入达到创纪录的22亿美元,其中超过一半的收入来自东北运输走廊地区。除票务收入以外,Amtrak 每年从联邦政府获取约 15 亿美元的拨款。2014 年,议会同意提供 10 亿美元以上的补助用于基础设施的建设和偿债,另有 3.4 亿美元用于补助运营支出。

热门路线如东北运输走廊的票务销售收入虽能覆盖 Amtrak 的运营支出并带来收入盈余,但并不能完全覆盖长距离线路的运营成本。虽然 Amtrak 的 15 条长距离线路在所有城际铁路线路中只占很小一部分,但是它们为很多地区提供唯一的城际交通运输选择。5% 的 Amtrak 经停地区缺乏城际巴士和航空客运服务。

短途铁路

美国 95% 的货运铁路收入来源于一级铁路,但一级铁路线路占据美国铁路网总长不足 70%。剩下的铁路线路大多由中小型铁路公司所有,包括为少数城镇和企业服务的短途铁路线路。很多短途铁路线路缺乏必要的养护资本。面对有限的年收入,这些铁路运营商将很难满足目前及未来的货运需求。

公路、公共交通、航空运输、内河水运、港口和码头全都能从专用信托资金里获得资金支持。铁路运输是唯一缺乏专用的联邦资金来源的运输方式。因此,铁路客运的资本投入难以满足目前基础设施和车辆装备的需求,导致必要的维修养护及基础设施建设工作大量积压。在保持美国铁路良好维护状态方面,目前已经积压了数十亿美元的维修项目,同时,用于维护现有基础设施和为了满足预期需求而扩大能力建设的资金也存在明显赤字。仅东北运输走廊就需要连续 15 年每年投资 15 亿美元。

2.6.4 货运铁路

美国的货运铁路系统由超过 14 万英里的线路组成，这些线路把消费者、农业、经济、制造业和人口中心紧密相连。作为我们货运基础设施中不可或缺的一部分，美国每年 39% 的城际间货运周转量由铁路完成。铁路是运送煤、谷物、矿石等大宗货物的最主要运输方式，而运送距离在 750 ~ 2000 英里的高价值货物多数采取联合运输的方式。铁路货运覆盖美国 560 个地区和短途铁路货运线路，包括七条一级铁路（Class 1 Railroads），这是一个价值 700 亿美元的行业，货运铁路代表了铁路运输行业大部分的运输里程、收入和劳动力的情况。

集装箱多式联运

集装箱多式联运是铁路货运行业增长最快的一项运输模式之一，目前占铁路货运的 11%。大型集装箱的联运转移能减少非大宗货物的处理时间和劳动力成本，从而大大提高铁路货运效率。尽管集装箱运输的增长对其他运输方式的货物运输造成了一定影响，但由于多式联运运输量的增长和运输模式的改进，如双层集装箱铁路运输，铁路货运的生产力得到了极大的提高。

2.6.5 满足铁路货运需求

1980 年《斯塔格斯铁路法（Staggers Rail Act）》对铁路货运部分解除管制后，所有铁路运费下降超过 30%，铁路货运量几乎翻了一倍。

日益增长的铁路运量为铁路运输带来了创纪录的收入。而民营铁路里程数却下降超过40%，劳动力减少一半以上。

自1980年起，铁路货物运输量逐年稳定增长，预计到2045年，铁路货运量增长将超过37%。由于铁路客货运需求的增长，铁路轨道拥堵情况可能会加剧，尤其是在客运量集中的运输走廊地区。而逐步加剧的铁路拥堵将会降低客运和货运铁路的可靠性。为了满足日益增长的铁路运输需求，需要私营铁路行业在提高铁路运力上给予持续的投资。与其他大部分运输方式不同，铁路是被视作私人基础设施来进行建设和维护的。因此，私人铁路将收入中的很大比例用于投资，以维护和增加铁路系统运力，2012年和2013年，投资金额超过250亿美元。

为满足迅速增长的货运需求，必须对美国交通基础设施做出有效的投资，考虑创新运输方式的解决方案。其中一个途径就是巩固公私合作关系（Public-Private Partnerships），通过私人公司和政府合作共同维护和改善交通运输基础设施，扩展其规模。以公私合作的形式提供铁路运输投资，是满足未来交通运输挑战的一种有效的方法，同时，这样的合作方式也能带来显著的公共效益，如减少道路拥堵、减少高速公路死亡率、降低燃油消耗、减少温室气体排放、降低物流成本及减少公共基础设施维护成本等。公私合作模式也可以帮助解决货运瓶颈问题，尤其是缓解货运和客运在相同轨道上运营的情况。

随着新的铁路项目的涌现和私人参与项目的情况增加，联邦管理机构，如地面运输委员会，在授权铁路建设、废弃和处理其他事务时，必须做出更及时的决策和监督管理。

2.6.6 提升铁路安全

铁路运输是一种安全的并且会越来越安全的运输方式。自20世纪90年代起,已经很低的列车事故率逐年稳步下降(图2-11)。自90年代初期,铁路员工人为的致命事故率已经减少了一半。96%的火车致命事故是由于擅自进入铁轨或公铁交叉口导致的。擅自进入铁轨导致的死亡事故依然在同期铁路死亡事件中占比最高,目前在列车相关的死亡事故中占比60%。通过不断重视Amtrak和一级铁路的安全性,采用安全性管理系统,培养铁路机构的安全文明理念,研发和应用新的安全技术以及开展实践,未来铁路安全性将不断得到提升。

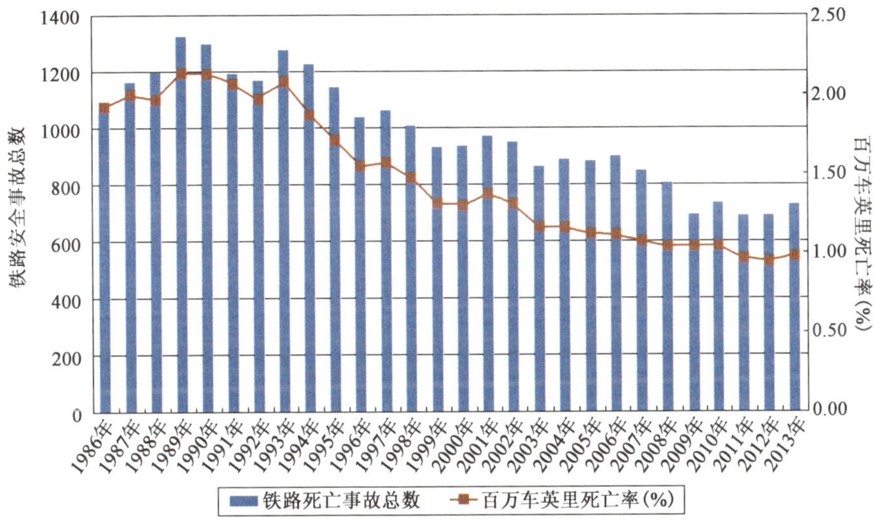

图2-11　铁路安全事故数与死亡率

2.6.7　政策选择

随着社区之间和超级城市区域之间的联系越来越紧密,人员和货物都需要强大的城际运输衔接。在一些局部市场,铁路客运和货运因为有限的运力而相互竞争,然而有些政策选择是可以帮助激励市场、实现一个合作共赢的环境:

(1)鼓励公私合营新模式,共享民营货运铁路线路,确定激励措施,鼓励更多高效的客货运输。

(2)将联邦投资资金集中用于研究、开发和技术,从而加快安全技术的发展,同时创建一个管理架构,鼓励现代化的安全技术开发。

当前的公共资金水平难以满足未来的交通运输需求,以及对遗留设施进行更新。然而,我们可以采取措施,充分利用现有资金来刺激更多的投资:

(1)持续投资于高绩效的客运和货运铁路,通过升级轨道和车辆,尤其是共享运输走廊线路,可以有效降低成本,增加铁路客运与汽车和航空在价格和时间上的竞争力。

(2)为铁路项目提供稳定、专用的资金来源,推进项目进展,刺激管道运输新项目的发展,鼓励私人投资。

(3)探索公私合作的新模式,明确公共部门和私营部门在项目中的收益,吸引更多公共和私营部门参与者。

2.7 海运

河流和航道形成了美国第一条货运走廊。在19世纪初期,大量公共、私人和州的资源和财力投资在运河和港口上。在铁路时代来临之前,运河和港口担任着促进经济增长引擎的角色。尽管铁路和公路已遍布全国,由内河航道和港口、沿海航线和深水码头组成的海运运输系统,仍然是美国强劲的国际和国内贸易的基础,在可预见的未来里仍然会是这样。

展望未来,以下几个重要的发展趋势对海运将会产生重大影响:

(1)集装箱货运进出口增长将会导致美国沿海和内陆港口的拥堵加剧。

(2)投资码头、港口和航道对于满足日益增长的全球化贸易和竞争的需求是至关重要的。

(3)自动化能提高海运和港口码头的生产力和运输装卸效率。

2.7.1 增加全球贸易和货物多式联运

2013年,美国的进出口贸易总额达到3.9万亿美元,约占美国GDP的23%。未来30年,有理由相信海上运输的进出口量将持续增长,这对美国的港口和交通运输系统都有着重大的意义。

深水港是连接全球化经济至关重要的链条,美国70%的进出口贸易量依赖于沿海的深水港口。海湾滨海地区的港口,如南路易斯安那、休斯敦、新奥尔良和博蒙特,主要负责美国石油、天然气、钢铁、煤和谷类的进出口。洛杉矶、长滩和纽约/新泽西,这三个港口占据49%的对外集装箱贸易进出口量。据统计,10个主要港口负责了美国85%的集装箱国际贸易。这样的集中化使美国可以集中资源去提升重要港口的吞吐能力。但是,这也给整个货运系统带来风险,增加了自然灾害或安全事故带来的业务中断或延迟风险。

海运管理

美国大多数港口设施由各州和地方政府或私营部门所拥有。海事管理局(MARAD)负责改善港口设施,扩大国内航道的使用,促进美国商业海运发展,确保美国有足够的造船和修理服务,保持海运交通系统与其他交通方式的有效衔接。其他一些机构,作为海运交通系统的一部分,也承担着重要的责任。美国陆军工程兵团负责航道的加深和维护。美国海岸警卫队负责海事安全、执法及航标维护。海关和边境保护局负责美国进出口货物的清关。

与此同时,集装箱船舶将不断地扩充它们的运力,这将有可能导致集装箱货运的增长。如果不能充分适应这样的情况,并提前做好计划,集装箱货运吞吐量的增长有可能会导致装船延误、联运中转站拥堵、运输成本增加、污染加剧以及其他负面的影响。

在过去30年,美国的国际贸易增速远远高于GDP增速。在未来30年,进出口贸易的增长将导致美国的沿海港口更加拥堵。

由于国际贸易和GDP息息相关,因此,建设现代、高效的港口对国际贸易和整体经济的健康发展都至关重要。

2.7.2 港口和航道现代化

为了支持美国商品在全球经济中的持续竞争力,维护并实现美国港口现代化、修复老化的内河航道基础设施都至关重要。重要的内河航道包括五大湖和圣劳伦斯航道、俄亥俄河流域、密西西比河流域、哥伦比亚河及墨西哥湾沿海水域。美国最大的内陆港口,如德卢斯、匹兹堡、圣路易斯和亨廷顿,负责装卸成千上万吨的谷物、钢铁、汽车和煤。

美国港口管理部门已经投资数十亿美元去实现港口设施的现代化,满足越来越大的船只靠泊需要。升高桥梁、疏浚港口、拓宽航道和购买更大的岸桥,这些都是为预期增长的需求做好准备,确保未来货物联运安全高效的关键。港口并不是独立运营的,港口当局和其合作伙伴也参与很多旨在提高公路和铁路运输效率的工程项目,从而消除货运瓶颈,使货物从港口运送到配送中心的过程更为便利。虽然美国的港口正在变得越来越繁忙,但创新带来的新机遇能够改善我们的港口基础设施,以有效应对国际经济造成的海上运输的巨大压力。

圣劳伦斯河航道

圣劳伦斯河航道是直接服务八州两省的两国航道。通过该航道,每年往返于北美市场和国际市场的各类散货、件杂货和普通货物通常有4000 万公吨(1 公吨 =1000 公斤),包括了美国钢铁产业所需的铁矿石,建筑和钢铁产业所需的石灰岩,发电和钢铁产业所需的煤炭,从美国农场出口的粮食,以及工业所需的成品钢和重型货物。航道系统的海上贸易每年影响着22.7 万个美国和加拿大的工作岗位,350 亿美元的运输业收入,140 亿美元的个人收入,以及50 亿美元的联邦、州、省和五大湖区的税收。

联邦资金资助港口基础设施并不是由来已久的。然而,为使港口发展跟上日益增长的运输需求,通过 TIGER(运输投资带动经济复苏竞争性投资计划)给港口工程项目提供了将近5 亿美元的资金补贴。基于港口基础设施需要满足不断增长的需求现状,海运管理局的强大港口计划(Strong Ports Program)通过提供规划方面的专业知识和来自港口当局的帮助,支持港口实现基础设施现代化。然而,这项计划并没有包含专门的资金补助。

港口维护信托基金(Harbor Maintenance Trust Fund, 简称 HMTF)资助联邦政府的调查和疏浚项目、防波堤的维护、船闸的运营管理和圣劳伦斯河航道开发。过去10 年,美国陆军工程兵团平均每年花费15 亿~20 亿美元用于航道项目。这些项目的资助来源,一是以使用者付费为基础的信托基金,二是一般基金拨款资助。深水航道的改善费用通常由联邦政府和当地港口管理局一同承担。公共港口管理局每年用于航道疏浚和改善基础设施方面的支出超过10 亿美元。

港口维护信托基金的资金来源是入关商品的从价税(进口商品关税)。由于进口商品的价值在增长,该基金收入目前已经增长到每年将近20亿美元。在过去10年中,这些税收的收入超过港口维护信托基金的支出,因此目前该基金盈余85亿美元。支出决策只能由国会授权,虽然最新的支出授权法案已经涵盖了未来10年逐步增长的支出计划,但近年来,国会倾向于保留盈余来降低赤字。

内河航道信托基金(Inland Waterways Trust Fund,简称IWTF)资助改善内河航道基础设施建设的项目。该基金每年从使用内河航道的船舶所缴的燃油税中获得大约8000万美元。内河航道信托基金的余额从2001年的4亿美元减少至现在的1亿美元,主要是因为在伊利诺伊州俄亥俄河上修建奥姆斯特德(Olmsted)船闸大坝项目所需开销。随着2014年开始实施奔小康行动法案(Achieving a Better Life Experience Act,简称ABLE Act),驳船燃油税收将会提高,该基金因此将会增加2600万美元的收入。

美国陆军工程兵团报告称积压了超过500个已启动的内河航运项目,预计完成成本达380亿美元。在内河航道中的货物运输受到了老旧船闸和大坝的限制,这些基础设施已经超出了它们的设计使用年限并且过于频繁地出现故障。大约一半的内河船闸已有超过50年的历史并且需要频繁修理。需要有针对性的、以绩效为基础的投资来修理和改造这些老旧的内河航道基础设施。

2.7.3 港口和船舶自动化

自动化技术对国外的港口有着重大影响,也将有可能影响到美国港口。随着集装箱标准化的出现,货物运输自动化程度越来越高。在全球主要的集装箱港口,集装箱从船到码头、货车、铁路的转运过程已经变得高度自动化，减少了对人工操作的依赖。如果以这种趋势继续发展，人力在货物处理过程中的角色会被大量取代或减少，从而降低航运成本，提供船舶大型化所需的处理能力，并改变海运业的工作特性。

自动化提高了海上船舶操作效率，使得船舶可以用更少的船员来操作。这一发展趋势或将降低货运成本，但也可能带来新的风险，因为船舶在大型化而船员却越来越少。某些情况下，管理和维护这些新的船舶将需要高级的机械和数据分析岗位，因此要求更高级的技术并需要支付比传统货运岗位更多的酬劳，但同时也能够取代传统的海运船员。

港口基础设施：西雅图港已做好准备迎接未来

美国经济依赖于港口设施的效率，通过港口保障商品进出口贸易。然而，由于国际贸易的增长和集装箱船运力的扩张，会导致美国港口的拥堵和多式联运设施使用紧张。美国港口管理部门正在采取措施应对预期的需求增长。例如，西雅图港最近与塔科马港组成了一个港口联盟，从美国联邦运输部获得了2000万美元的TIGER补助资金用于战略投资，这将有助于保持西雅图港在美国和加拿大港口中的竞争力。

西雅图/塔科马港是东亚和美国之间贸易走廊中的重要一站。尽管港口每天只处理5000个集装箱，但它的基础设施急需维修。基于这一事实，该港口计划利用TIGER补助金来加固老化的码头、延长码头起重机轨道。这些改善工作将提升港口的处理能力，使之能同时容纳两条超巴拿马级船舶停靠。港口也将利用TIGER补助金建造一个新的卡车坡道，使得卡车能直接进入港口的联运堆场。总体而言，这些投资将改善港口的安全条件，加速货物多式联运速度，并缓解港口周边公路的拥堵情况。

2.7.4 政策选择

港口、河流、航道和沿海航线是美国综合交通运输网络中的关键组成部分,对这些领域持续投资是我们保持全球化发展和技术进步的关键。以下列举一些支持海运业发展的可行政策选择:

(1)制定全国性的发展战略,提高美国港口作业能力,选择合适港口,重点提升其容纳大型集装箱船舶的港口能力。

(2)加强对港口和相关基础设施投资,将有效地减少货车运输带来的公路拥堵和环境污染。

(3)通过明确各类机构对港口设施的管辖职责和角色,将简化货物运输的流程,加强安全和安保。

(4)作为国家货运系统的有机组成部分,需要有效解决港口和相关基础设施的性能问题。

(5)鼓励港口和船舶自动化,提升作业效率,为高技能工人创造就业机会。

2.8 管道运输

美国每天通过管道运输天然气、燃油和其他危险液体的里程超过260万英里。管道每年从生产企业运输价值超过一万亿美元的燃油、气体和其他产品到精炼厂、加工厂、港口,最终送达消费者处。2012年,这个管道系统运输了大约15亿吨的产品,占所有货物运输量的8%。

(1)国内石油和天然气产量的增加会对现有的管道运输能力带来压力。

(2)如果不对高风险的管道基础设施进行修理、维护或更换,其安全风险和环境风险将会加大。

2.8.1 国内能源产品供给增加

美国正处于能源生产的繁荣阶段,在过去的短短三年,美国的石油开采量上升接近60%。同时,美国的天然气消耗量达到了历史峰值,主要用于发电和工业生产。2012年,23万亿立方英尺的天然气被用于住宅、商业、能源和工业消耗。

这样的趋势很有可能会持续下去,尽管油价大幅下跌在短期内可能会使国内化石燃料生产量增长有所放缓。长期来看,能源信息管理局(Energy Information Administration,简称EIA)预计天然气产量将继续增长,拥有页岩资源的地区其能源生产将会迅速扩张。尽管天然气的需求不断增加,但美国能源产出的增长可能会超过能源消耗的速度。由于全球能源需求的增长和美国能源产量的增加,美国很可能会成为天然气净出口国。

2.8.2 天然气和液态危险品的管道运输

美国化石燃料生产的繁荣导致对加工设备、储存场站和安全高效运输石油的管道需求不断增加。每年超过30亿桶(大约76%)的国内原油及其他气体都是通过管道运输的。

美国目前的管道网络,主要用于运输原油到墨西哥湾的精炼厂,连接东西海岸与能源生产的页岩资源地区的管道非常少。这导致许多地区的管道运力有限,因此要用铁路和海运等其他运输方式来满足额外的需求(图2-12)。

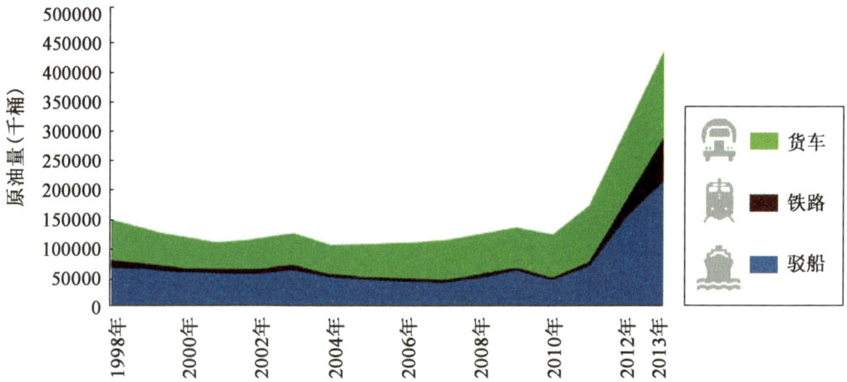

图 2-12　非管道运输方式运输的国内原油量(1988—2013 年)

谁在经营管道运输?

美国运营管道运输的公司大约有 3000 家,这些公司的规模和类型都不尽相同,既有小型的地方公用煤气公司,也有大型的跨国公司。直接参与管道运输的主体有四类,包括:危险液体管道运营商,气体运输管道运营商,储存气体的 LNG 设备商,以及为住宅用户和小型企业提供天然气的公用煤气公司。

由于近年来美国的天然气和原油产量猛增,石油和天然气行业不得不投资基础设施来调整现有的管道运输网。2013 年,私营企业在原油管道上投资了 66 亿美元,在天然气液体管道上投资了 30 亿美元。这些企业将继续建设新的基础设施来扩大运输能力,以适应快速变化的生产形态,因此,政府对管道施工的监督需求也随之增加。尽管新管道正在不断建设,但是大部分新的能源运输需求还是由现有的管道设施来满足。

2.8.3 提高管道运输的安全性

尽管危险品的管道运输量在增加，但在过去20年，由管道运输引发的死亡、重大人身伤害事故和危险液体泄漏事故是逐渐减少的。这些安全上的改善得益于管道材料、防腐方法、施工技术和标准都在随着时代的进步而进步。但是，目前已建成的很多管道设计施工时所用的材料达不到今天的安全标准。例如，2.5%的天然气仍使用老化的铸件和铁皮管道来运输，而10.5%的天然气输送事故是由此造成的。另一个问题是，建造这些管道时，尚未出台在管道外安装保护涂层的规定。这些老化的基础设施增加了安全风险。

近年来，管道运输行业、联邦运输部和各州政府都重点关注高危管道基础设施的维修、改造和更换工作。因此，老化铸件和铁皮管道的使用率已显著下降。目前，38个州正在加速管道更换计划。16个州已经全部淘汰了州内的老化铸件和铁皮天然气管道线路，包括阿拉斯加州、亚利桑那州、夏威夷、爱达荷、蒙大拿、北卡罗来纳州、北达科他州、新墨西哥、内华达、俄克拉荷马州、俄勒冈州、南卡罗来纳州、犹他、佛蒙特州、威斯康星州和怀俄明州。

> 环境保护局(EPA)估计，由于管道泄漏、发生事故，以及维修或操作过程，有1%~2%的天然气在管道运输中损耗。

虽然总体事故数量下降，但在过去五年中，重大的管道事故对环境造成了广泛的破坏影响，引发了公众的密切关注。2010年的深水地平线石油泄漏(Deepwater Horizon Oil Spill)事件，虽然不是一个管道运输事故，但这次事件使公众进一步认识到，石油生产运输可能造成环境破坏和操作风险。天然气管道运输的少量泄漏是甲烷气体排放的来源。甲烷是比二氧化碳强大40倍的温室气体。环境保护局估计,由于管道泄漏、发生事故,以及维修或操作过程失误,有1%～2%的天然气在管道运输中损耗。此外,尽管美国尚未发生过重大事故,但管道运输很容易被故意破坏和盗窃,并受到传统恐怖主义和网络恐怖主义的影响,必须加以保护。管道运输行业正在采取措施,确保这些复杂的控制系统保持安全性和恢复能力,能够抵御网络攻击和自然灾害。

新兴技术也有望改善管道运输的效率和安全性。例如,全自动管道检查"机器猪"最近已经被广泛应用。这些设备在管道里游走,探测管道里的腐蚀、裂缝等问题。新的"智能机器猪"技术能提高这些设备和替代设备在检测问题区域时的准确性,作为数据分析的一项创新,"智能机器猪"还能自动地持续分析检测到的管道数据。

这些低成本高效率的监测系统将降低管道泄漏的风险,并帮助管道公司节约成本。此外,阀门操作自动化技术、通信自动化技术、制动器自动化技术通过缩短管道的隔离和应急响应时间,帮助管道运输企业提高安全性。

2.8.4 政策选择

随着石油和天然气等产品生产越来越远离港口和内河航道,升级和扩容美国的管道运输网络变得越来越迫切。可以采取以下政策措施对管道运输基础设施进行维护、保持和开发:

(1)与各级公共和私营部门合作,综合协调全国管道基础设施的存量。

(2)利用绩效指标体系识别潜在的安全趋势、监督架构,促使管道运输企业确保管道的完整性。

(3)为国家高危管道的维修、更换、改造工作扫除障碍,推广创新速度修复机制。

(4)应对能源繁盛期带来的新挑战。

3 塑造共同的未来

3.1 2045 年情景假设:走向交通拥堵

大家所看到的经济社会变化对交通运输政策有怎样的意义？大家该如何应对这些变化？通过认识正在经历的这些变化,能够帮助大家勾勒出美国交通运输的未来,并指明需要做出的艰难决定。

这是一个情景假设,并非预测。大家用趋势分析作为指导,映射出一个未来可能的情景:这是一个由于人们未能做出必要的正确选择以解决交通运输系统面临的问题所导致的后果。诚然,不同的政策、技术突破、经济危机或其他方面的变化发展都可能会产生不同的结果。尽管如此,这个未来的情景假设为讨论这些艰难的选择提供了起点。

在“走向全面拥堵”的情景假设下,各级政府的运输政策基本维持不变。情景在很大程度上是由前文中所讨论的变化趋势所决定的,而不是由预期政策或对这些变化所做出的政策反应所决定。未来个体的日常出行模式也越来越具挑战性。公路拥堵逐渐恶化,主要大都市区出行延误和航班延误日益频繁;公共交通服务变得越来越昂贵,城际铁路服务减少;货物运输变得越来越不可靠,美国的出口贸易由于运输成本的上升而竞争力减弱。气候变化增加了交通基础设施的维护成本,也导致出行更易中断。我们的监管体系无法跟上技术革新和潜在的运输变革,安全性技术发展相对滞后。政府未能开展必要的投资以维护交通基础设施,而各州政策的不兼容增加了州际贸易的成本。由于缺乏新的想法和意愿做出艰难的改变,交通运输系统的整体绩效和状况不断下降,成为了经济的拖累,也限制了交通运输行业的进一步发展。如果这听起来熟悉,是因为很多类似的发展趋势已经影响到了我们的交通运输系统。如果我们不采取行动,那么情况可能会变得更糟。

3.1.1 如何出行

石油价格保持相对稳定，在很大程度上得益于美国国内强有力的生产力，使得货运车辆仍然以汽油和柴油为主要动力。石油价格的波动持续导致不定期的价格震荡。另一方面，仍然没有明显的市场或政策激励，以鼓励在替代燃料或电池容量方面的重大技术突破（除了一些小众的应用）。低廉的燃料价格导致美国人开车出行越来越频繁。

亚特兰大区域委员会：2040 年规划

2010—2040 年，亚特兰大地区 20 个郡预计将增加 260 万居民，总人口将达到 790 万。这一预期增长率表明了人口年均增长将超过 8.7825 万人，这将给该地区的交通基础设施带来更加沉重的负担，而由于过去 60 年的强劲发展，亚特兰大地区的交通基础设施本已不堪重负，若不采取改善行动，预计到 2040 年，日平均拥堵速度将降低 10 英里/小时（速度由 27.5 英里/小时变为 18.8 英里/小时），同时每年的拥堵成本（拥堵所导致的时间损耗和交通燃料成本）将明显上升，人均拥堵成本将由 874 美元上升至 2945 美元。

大都市区的拥堵明显加剧。尽管交通拥堵带来了很大不便，道路桥梁持续老化加剧了这一问题，而另一方面，这却导致了郊区的持续发展。在人口快速增长的大都市中心，房价快速上涨，使得大多数美国人难以负担，而郊区由于土地和房产价格的低廉快速发展起来。为了应对交通拥堵问题，很多公司采取远程办公或灵活的工作时间等方式。然而，那些能够利用弹性工作方式的人和工作方式难以弹性化的人之间的分化将变得越来越明显。

重型铁路系统在大城市公共交通中的使用仍然十分普遍，在阳光城市地带也建设了几条新的轻轨线路。尽管全国的公共交通客运量不断增长，但乘坐公共交通通勤的占比却不到1/10。提供公共交通服务的成本越来越高，原因之一是人口的老龄化以及城市的郊区化；其二是重建基础设施和替换运输车辆的成本增加；第三是运输部门面临员工退休和医疗保险成本的增加。票价的提升、车辆年久失修变得越来越普遍，公共交通服务质量下降的问题日益突出，尤其是在贫困地区更为严峻。

城际客运铁路在很多市场提供了越来越高效的服务，包括在东北走廊的密集使用，贯穿了整个加利福尼亚和芝加哥地区。长距离运输等服务，仍继续依靠公共运营补贴，在区域运输网络之间提供全国性的连接。尽管这些市场不可能每年都实现盈利，但这些线路为包括农村地区在内的社区提供了更多的出行选择。

航空客运出行逐步增长，机票费用保持低廉，但航班延误也变得更加频繁。一方面，国际旅客吞吐量大的机场通过向使用者或零售业征收费用而盈利；另一方面，由于面临运输需求的减少，许多区域性机场和乡村机场只能依靠联邦政府补贴度日。在美国最大型和最繁忙的机场，机场基础设施和空中交通管制难以满足客运需求的增长。

3.1.2　如何运输

伴随着人口的增长，货物运输也在不断增长。货车运输在货运中占有重要比重，但同时也带来了交通拥堵，并伴随着基础设施和运输服务可靠性的降低。越来越多的危险品通过货车运输加大了安全风险。

一些大型集装箱港口通过开展多式联运,运输量迅速上升。而其他港口将面临严峻竞争,尽管各州和城市政府为这些港口提供了大量补贴,试图拉动当地经济。多式联运增加了铁路营业收入,但运输能力的制约限制了更多货物转移至铁路运输。美国国内内河货运量不断下降,这是由内河主要的闸坝年久失修而造成的。水运成本的增加降低了美国企业的出口竞争力。航空货运量增长了两倍,航空货运枢纽经济呈现繁荣景象。

诺克斯维尔,田纳西州

诺克斯维尔区域规划组织2040年长距离机动性计划(Knoxville Regional Planning Organization Long Range Mobility Plan 2040)于2013年通过,确定了对交通运输技术利用和投融资的需求。该计划制定了相关战略,使得公共交通提供商能够协调当地投资者来共同建设智能交通系统,从而提升公共交通服务质量和效率。

3.1.3 如何更好地运输

美国的车辆自动化在逐步发展,但由于尚未制定一个全面的监管框架体系,全自动驾驶车辆还不允许在公共道路上行驶。目前车辆自动化既有地方性、区域性标准,也有商业标准和商业应用,导致了一些技术和运营的不兼容问题。个别的几个备受瞩目的安全事故导致车辆自动化技术发展进一步受到约束。与此同时,自动驾驶车辆在其他发达国家更为普遍。由于改善了车辆的安全技术,驾驶变得更加安全,这有助于降低车祸的死亡率和严重伤害。

无人驾驶飞机系统得到了普遍应用,但是受到法律约束,无人机仅能用于公共部门,如执法和娱乐性使用。在对无人机缺少一个全面政策和管制手段的情况下,其商业应用仍然受到严重限制。

美国不再是交通技术产业的引领者。由于交通运输产业创新有赖于国家有益的监管环境和充裕的研究资金推动,美国运输部门就业将逐步下滑。

3.1.4 如何应变

气候变化的负面影响已经越来越凸显。极端天气事件的频率和强度的上升,导致交通出行中断,以及重要交通运输设施的关闭,这一现象变得越来越普遍。重要机场和港口由于暴风雨而关闭的频次越来越高。灾毁重建的成本显著提高。客货运逐步转向不易受到灾害影响的地区。国家应对气候变化的法规也尚未出台。

纽约市长办公室:一个更强、更弹性化的纽约

据纽约市市长办公室报道,纽约市气候变化小组(NPCC)预计,到2050年,纽约的海平面上升将达到30英尺,现有居民的2倍人口(超过80万人)将在百年一遇的洪水区生活。为了使交通系统更加弹性化,纽约市正在努力使交通运输系统中的关键部分免遭损害,在极端情况下维持系统运营,并针对交通运输系统中断制定后援计划。纽约市已在一些易受灾地区,将交通控制信号设置在洪水水位以上,也基本完成了对易受灾和易受影响地区的道路改造,

沿道路建设了排水设施，并开始与许多城市机构合作来确定关键的交通运输网络，通过定期的弹性规划演习提升交通运输系统对重大事件的应急响应能力。

3.1.5 如何平衡决策与投资

联邦燃油税一直没有增加，也没有其他替代的资金来源来弥补公路信托基金，导致公路信托基金收入难以满足需求。事实上，由于汽车和卡车的平均燃油经济性的提高，联邦燃油税收入在持续下降。公路信托基金是由普通基金（General Fund）和短期预算调整（政治条件允许）的转移支付资金所组成，其购买力在持续下降。多年期的地面运输授权已不再是常态，交通运输财政支出现在主要通过短期法案和法案延期的方式进行授权。而政治僵局有时还会导致联邦资金被扣留，造成了经济发展的不确定性。

伯明翰的综合规划：从此处到彼处——交通运输和机动性

2013 年伯明翰城市综合规划指出，该市很难维持项目与联邦资金的配套。结果是，一些已交付的项目没有满足它们的发展愿景。这一愿景试图将 20 世纪 60 年代以来的系统变成适应于公共交通、自行车和行人出行的模式。此外，随着时间的推移，不断扩张的道路网络导致道路养护的能力下降，因为养护成本超出了可用的养护资金。有限的资金匹配能力加剧了伯明翰的困境，城市在有限的联邦资金支持下难以形成充分的竞争优势。因此,2013 年伯明翰城市综合规划制定了一个目标——利用伯明翰的交通运输系统,建设 21 世纪伯明翰城市经济和本地区宜居城市中心,并制定了相应的地区政策,供决策者使用和发布,包括:支持更多民间融资的战略举措,通过使用公共资金维持和改进城市街道和公交系统,支持宜居城市的发展。

这种短期的授权导致道路和公共交通工程项目的延迟,尤其对于大的项目拖延更为严重。对于那些需要一年以上稳定资金投入的重大基建项目而言,越来越难以规划和确定。这导致一些必需的项目被取消,还有一些项目再也难以出现在规划图上。随着短期就业合同变得越来越普遍,建筑工人受到较大影响。这造成了建筑行业的"技能缺口",很多专业知识永久失传,建筑行业就业变得不再有吸引力。经验和专业知识的匮乏,阻碍了行业建筑新技术的发展。

航空运输业的变化和联邦预算压力的增加,提高了联邦航空管理局资金的不稳定性和预算的不确定性,导致"下一代航空运输系统"推迟应用,延缓了无人机和商业太空运输纳入美国国家空域管理体系的时间。

交通运输收入呈现来源多样和逐步分化的趋势。一些州已经开始采取公路收费、公共和私人债务融资等方式来筹集资金,用于主要的交通建设项目;另一些州在主要的交通设施区域都增设了收费站;还有一些州为运输收入增加了其他资金来源,如基于里程的费税征收。还有一些州提高了车辆登记收费标准,提高了消费税率,以及恢复使用通用基金,而不再设置交通运输专用收入。总体而言,混杂的融资方式和各州间不均等的运输服务质量一定程度上阻碍了州际贸易。驾驶员越来越习惯于支付过路费等费用。

一些州能够勉强维持道路和桥梁保持良好的状态。但总的来说,很多人口零增长的州由于税基的降低和维护成本的上升,在维持重要的交通运输基础设施上比较困难。因为老化和物理损耗,一些道路设施和建筑物面临着承载量的限制,紧急维修频率提高,这造成了其他替代道路的拥堵。特别是载货汽车驾驶员,由于设施关闭和其他紧急行车限制,经常需要重新规划路线,如桥梁在重大维修时会限制行车的重量。出行时间总体增加,且变得越来越没有保障,货物运输也经常延迟。

3.1.6 结论

总体而言,公众对交通的增长冷嘲热讽。由于交通运输行业被认为是一潭死水,运输劳动力的质量也在下降,而其他国家如中国等,最新的交通科技和运营水平却在不断提升。政要和商业领袖发表了“管理下滑”的言论,并公开预测这不仅是交通运输系统的拥堵僵局,还是整个经济的困局。

3.2 变革时代的选择:一条更好的发展路径

为了避免走向拥堵,需要在几个主要领域做出选择。以下所提出的路径选择并不详尽,但是却遵循了这本书的思路,并且旨在举例说明可以考虑的选择范围。人们的任务是要了解如何进行政策储备、机构建设,从而带领美国交通运输向美好的未来迈进。

为了规划发展路径,需要首先阐述一些原则,以指导我们做出科学的交通政策决定。这些政策应包括:

(1)认识到威胁美国交通运输系统的危险因素,通过实事求是、透明、基于数据统计和分析、以事实为基础的方式解决这些问题。

(2)开发新的机制以适应环境的变化,在速度和弹性化方面提升技术水平。

(3)重新评估和简化各级政府的角色,让私营部门参与促进协同解决方案的形成和合作伙伴关系的建立,达到共同的目标。

(4)确保足够的资源用于保护、维持和建立交通运输基础设施,确保对21世纪交通运输基础设施建设的资金支持和(或)新的融资方式。

(5)推动平衡和可持续的经济增长,同时又不加剧收入不平等和社会分化。

(6)支持技术创新,并将安全、安保和隐私保障置于突出地位。

尽管在这份分析报告中没有包含对政策选择的评估,仍建议读者对这些选择做出评价,考虑其是否与基本原则保持一致,并且牢记,如果人们不进行这样的政策选择,未来将会向交通拥堵的情景假设发展。但是,如果人们愿意换一种思考方式,创造性地去思考所面临的挑战,并做出必须采取的艰难选择,这一切都是可以避免的。

3.2.1 如何出行

到2045年,如何使美国的交通运输体系健康发展?近几十年来,美国交通运输发展的基本政策是,通过新建基础设施扩大承载量以满足交通需求。随着美国不断增长和变化的人口数量,交通拥堵的加剧,以及其他因素的产生(例如基础设施条件的恶化),大家过去的做法难以为继。

主要政策选择

(1)提升基础设施的承载能力:修建新的道路、桥梁和其他交通设施;更高效地维护已建基础设施;通过更科学的设计和技术创新更有效地利用现有基础设施;或综合利用上述方法。

(2)减少拥堵:合理的土地利用、远程办公和实行弹性工作制,推广小型车和自动驾驶车辆,以及收费政策。

(3)推广公共交通、骑自行车和步行等出行方式。

大部分美国人希望拥有多种交通发展选择,并获得选择所带来的机会,这些选择可能对于历史上或当今世界的其他区域来说,都是独一无二的。尽管如此,人们面临着很多阻碍,即如何随着外部环境变化而继续维持和完善这些交通选择,如何继续将美国的交通运输按照大家所想和所需的方向发展。最终选择的政策也可以用于实现更广泛的社会目标。美国的交通运输体系不应该成为加剧社会分化和收入不均等的推动力,它应该成为相互连接的纽带,为所有人提供发展的机会。

提升基础设施承载能力。治理交通拥堵最传统的办法是修建更多的道路、铁路和其他基础设施。特别是在快速增长和拥堵严重的地区,交通承载能力提升能够满足现有的需求,但远远不能满足未来预期的增长。而通过设计和建设新的基础设施则能够满足当前和未来的需求。例如,很多住在城市的年轻人比他们的父母更倾向于乘坐公共交通。另一方面,提升基础设施承载能力会耗费大量建设成本,且其全生命周期的维护成本甚至比建设成本更高。但一些已建成的地区可能达到了修建的极限,难以兴建更多新的交通基础设施。非财务性的成本(如时间、环境影响等)可能也会增加。此外,从长期来看,新的基础设施有可能导致更严重的拥堵,从而形成一种恶性循环的模式。

提高交通运输承载能力也并不仅仅意味着建设新的基础设施。现有的交通运输系统可以在很多情况下被更高效地利用,而不是一味地大兴土木。采用更科学的设计,如"完整街道"(Complete Streets)设计,可以在不打破任何格局的情况下,更自如地应对不同交通运输模式的出行增长。跨领域的先进技术实施,也可以提高承载能力,例如,利用 NextGen 飞机导航辅助系统可以每两分钟着陆一架飞机,而不是现有的每四分钟着陆一架。另外,现代设计和技术的融合在提高承载能力的同时,还可以提升安全水平。

提高承载能力还可以通过及时为市民提供最新的出行信息,使公众做出更好的出行选择来实现,例如选择最畅通、最快捷的道路或出行方式。

人们还可以更高效地管理和维护美国的交通运输系统。更全面的数据和更好的决策(如哪些基础设施对于运输网络的平稳运行起到更关键作用)能够帮助人们准确定位哪些地方基础设施建设不足和维护资金匮乏。这种优先安排可以通过确保道路畅通、火车准时来提高交通运输承载能力,减少重要运输设施因故障而无法正常运营的时间。在基础设施建设和维护方面的一些改善措施,例如使用新材料,或者是创新管理方式(如提早完成项目的奖励金),都有助于减少延误和道路封闭情况。

波特兰,俄勒冈州

当地许多社区正在预测未来人口增长和制定发展策略以寻求解决之道。例如,通过 36918 号决议,波特兰市议会同意通过波特兰市规划作为一个战略规划来指导决策。为此,市议会设定了一系列到2035年的改进措施计划。为了评估"12项波特兰成功举措规划"(12 Portland Plan Measures of Success)进展情况,波特兰努力确保以下目标:

(1)70%的波特兰市民采取积极的交通出行方式,如公共交通、拼车上班或在家工作。

(2)80%的波特兰市民居住在可步行的完整街区。

(3)碳排放水平比1990年降低50%。

为了达到上述目标,波特兰市正在推行一项雄心勃勃的交通系统规划(Transportation System Plan),这一规划符合国家和区域规划的要求,并能够解决当地的交通需求。它包括:

(1)波特兰交通系统维护、发展和实施政策指南。

(2)能够适应未来20年人口和就业增长的建设项目和财务计划清单。

(3)全面检查街道总体规划(Master Street Plans)和模型规划。

(4)政策实施的策略和规章条例,包括街道分类图。

堪萨斯城中部地区区域委员会《2040年交通运输展望》

在未来,随着人口老龄化,有子女家庭比例不断下滑以及居住偏好的改变会促进步行和公共交通需求的提升。在《2040年交通运输展望》中,中部地区区域委员会建立了两种发展情景假设,作为应对该地区预期增长的替代方式。基准情景显示了如果延续过去的发展趋势,未来的区域发展情况(图 3-1)。适应情景显示了如果当地政府采取可持续增长模式,即在区域层面实现可持续增长,该区域未来的发展情况(图 3-2)。

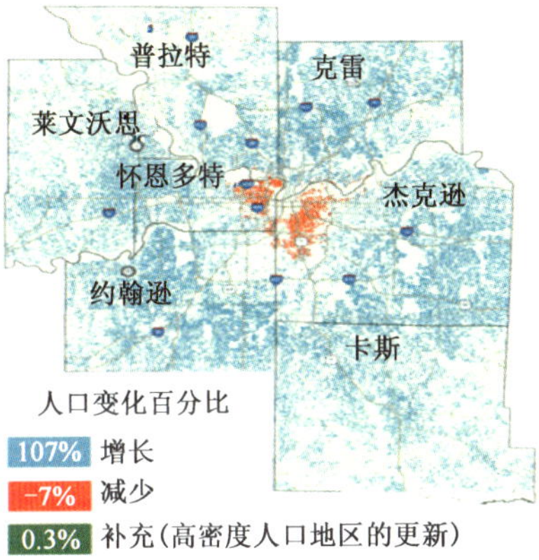

图 3-1　2040 年基准情景

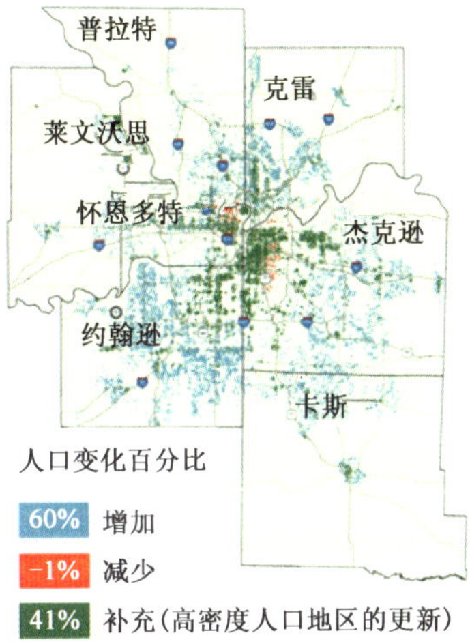

图 3-2　2040 年适应情景

在这两种情景假设下,该地区新增人口数量均相同。通过预测堪萨斯市区增长极两端之间的增长情况,在未来 30 年中,该区域的再开发率平均为 10% ~20%。

减少交通拥堵。供给和需求的匹配是双向的,除了增加运输承载能力满足出行需求以外,另一种政策选择就是考虑如何拉平或降低出行需求,满足运输系统现有的承载能力。这可能需要考虑在一天或一个区域内如何合理平衡整体的运输需求,从而减少在高峰时段的拥堵,或改善高拥堵地区的交通状况。

为了实现这一目的,根据不同的拥堵程度,可以采取一天内上下浮动的收费方式。这使得那些出行时间灵活的人们可以避开高峰出行。同样的概念也可应用于所有交通运输方式,以分散需求和减少拥堵。

交通拥堵还可以通过土地利用政策缓解,例如减少通勤距离等。又如土地混合利用的发展,当家离单位很近的情况下,意味着通勤时间更短,也使骑车或走路上班成为可能。一般情况下,促进土地密集使用而不是无序扩张的发展模式,有利于降低总体的通勤需求。

雇主如果能够允许灵活的工作时间和远程办公,将对控制出行需求和缓解交通拥堵发挥重要作用。因为这减少了上班族高峰出行的需求。雇主也可以实施奖励措施和提供便利设施,鼓励员工乘坐公共交通,或走路、骑车上班。

交通拥堵也可以通过减少汽车所需的道路空间来缓解,可以采取多种方法。首先,体积小的车辆所需的停车空间更小。其次,车辆共乘会增加每辆车的乘客数量,从而减少道路上的汽车数量。第三,更先进的技术,领先的全自动化水平,如同航空管理一样,可以在保障车辆行驶安全的情况下,使行车间距更紧凑。

一些旨在减少拥堵、改善机动性的举措,在政策配合下,能够进一步实现社会目标,如增加工作机会、减少收入不平等。另外,还包括为偏远社区提供工作的新产能投资计划。另一方面,其中一些政策也许难以改善生活质量并提供更多机会,一些缓解拥堵的政策可能附带了其他目标甚至可能会引发争议。例如,收费政策(提高了高峰出行期间通勤者的成本)可以减少拥堵,但是对于一些个体,尤其是对低收入、工作时间缺乏弹性的人来说,这些成本对他们上班出行造成了阻碍。决策者应该考虑如何减少此类冲突,例如,可采取将拥堵费收入返还给所有通勤者的方法。

最后,货运拥堵会影响客运,如载货汽车与小汽车都堵在高速公路上,货运火车和美国国铁共用铁路轨道等。新的政策或投资可能需要处理这些冲突。对于商业用途的专用设施,例如,拥有更先进和前沿技术的不同类型汽车,能更安全有效地共用相同的基础设施。

促进公共交通、骑自行车和步行出行。鼓励美国人乘坐公共交通、骑自行车和步行出行，不仅提高了运输机动性，还带来了其他好处，如改善健康状况、灵活性加强和降低出行成本、减少能源消耗和温室气体，这些措施都将缓解美国的道路拥堵。

3.2.2 如何运输

应该如何保障美国的货物运输？美国发达的多式联运体系曾让全世界羡慕不已，但如今，这一系统越来越不适应发展需要以及人口、经济的变化。高速公路和机场的拥堵、铁路系统的瓶颈、内陆河流和水道老化的闸坝、边境口岸的运输延误和港口联运设施的低效，造成了生产力下降、污染增加和高昂的运输成本。最终，这些成本都转嫁到了美国的劳动者和消费者身上。

关键政策选择

(1)在国家、区域和地方各级改进货运规划和协调工作。

(2)目标政策和投资旨在解决货运拥堵问题。

(3)鼓励创新战略来解决最后一公里的货运问题。

为了解决美国货运系统所面临的问题，大家可以采取更多措施。通过加强公共和私营部门之间的协调合作，可以引导货运投资及运营更高效、更具创新性。一个涉及所有运输方式和地区货运相关者的全国性货运战略，有助于确定统一行动，从而解决影响国家目标的重大货运问题。增加的融资和资助资金，包括公共资金等，用于有针对性的货运项目，以缓解货运瓶颈。加强对国际口岸的关注有利于加快跨境货运。最后，进一步理顺货运法规可以降低货运成本。

完善货运规划。随着美国经济全球化和多式联运集装箱运输的发展，美国货运系统的有效运作越来越依赖于可靠的跨国界和跨方式无缝货运，以满足时效性要求。即便如此，拥有和运营管理货运系统的公共机构和私人公司却很少进行沟通协调。其结果是，公共和私人资源的利用效率低下，重要的安全、环境和基础设施问题尚未解决。美国缺乏一个协调统一的国家货运战略，这个战略有助于将注意力和资金聚焦于那些能最终实现国家目标的问题上。改进美国的货运系统战略可能包括改进货运数据和规划过程，精简、理顺法规，以及有针对性地进行投资，从而解决货运瓶颈问题。

夏洛特（北卡罗来纳州）

崎岖的地形和年久失修的设施给该地区的货运带来了阻碍。每年从北卡罗来纳州运出的货物价值3640亿美元，运送到州内的货物价值3370亿美元，由于企业对搬迁或扩张有一定的选址标准，运输系统的通行质量越来越重要。具体来说，邻近高速公路仍然是头号选址因素。从北卡罗来纳州运出的货物中，有86%都经载货汽车运输，这说明没有交通瓶颈制约、道路质量维护良好对一个充满活力的经济十分重要。

美国中部地区的物流和航运业的实力将被边缘化，除非在这种日益拥堵的格局下进行必要的维护和改进交通流量。投资解决方案的倡议中包括了增强内河港口的通道进出能力，改善夏洛特地区周围的内河、港口、公路连通和寻求具有经济竞争力的铁路服务，还包括连通从山脉到西海岸的公路，并以此提升美国74号公路从阿什维尔到夏洛特段和从夏洛特到威尔明顿段的州际公路标准,从而提高货运能力和威尔明顿港口的吞吐能力。如果没有新的投资用于扩展铁路设施,整个地区的货运可能不会非常有效和可靠。农业增长将放缓,商业仓库不断搬离,一些倡导品质生活的企业最后也会搬迁至其他地区。这意味着当地居民的就业机会将减少。

联邦政府可以建立激励机制,并对州和地方机构提供指导和技术援助,将货运问题纳入政策和规划过程之中。公共机构也可以制定制度和政策,允许跨州运输投资,如 I-95 走廊联盟(I-95 Corridor Coalition)。联邦政府资助可以通过设立竞争性赠款项目鼓励具有创新性的州、区域和地方解决货运问题。

各州、城市规划组织和地方政府可以在货运行业与私人合作伙伴开展更紧密的合作,解决第一公里和最后一公里的货运问题。所采取的举措可以包括,建设战略性布局配送中心、多式联运中心和"货运村",促进商品更高效地输入和输出市区。例如,可以将城市边缘地区的配送中心整合到密集型商业区和住宅区之中,尽可能利用体积更小、噪声更低和更节能的载货汽车运输。解决载货汽车在货运走廊和城区的停靠问题,有助于提升安全、缓解局部拥堵。各区域和各州可以与货运行业合作,鼓励采用下班时间交货,以减少货运载货汽车所带来的交通拥堵。最后,智能交通系统(ITS)技术可以提供实时停车或交通信息,实行自动收费,并有助于加快交通事故的识别率,从而促进货物运输。

解决货运瓶颈问题。公路和铁路线路,特别是在港口所在的城市地区和多式联运换乘中心,正变得越来越拥挤。缓解货运瓶颈问题的政策可包括:有针对性地增加对运力的投资,通过一些规划策略和政策来影响货物运输的时间或位置,从而避免拥堵。对于设施的现代化和提升货运能力的基础设施投资,能够帮助提高运输的可靠性,同时也提升了效率。例如,对于载货汽车和火车重量有所限制的老旧桥梁或铁路可以进行现代化改造,使货运线路运输更有效率,从而节约出行时间,减少有害气体排放。减少地面铁路交叉口的投资也可以提高货运效率,提升出行安全。

提高货运运力和货运设施现代化的项目可以与私营部门共同合作实施,这些私营合作伙伴将从这些项目中受益。为了促进货运基础设施的私人投资,一些联邦融资计划可以进一步扩大融资规模,如注册退休收入基金(Registered Retirement Income Fund,简称 RRIF)和交通基础建设融资和创新法案贷款(Transportation infrastructure finance and innovation Act,简称 TIFIA)。货运基础设施投资的税收减免可以用于减少私营企业的税收负担,并更好地促进运力提升。

目前还没有专门用于支持地面货物运输的联邦资金来源,但也有一些潜在的收入来源。一部分联邦燃油税可以专门用于解决货运问题;但燃油税收入未能跟上通胀的步伐,或难以成为一个可持续的收入来源。此外,联邦货运的相关税收基于货运运单、货运吨英里或进出口税,这些税收可以用来增加收入、解决货运瓶颈问题。联邦资助机制能够支持内河航道基础设施的建设维护和港口疏浚;基础设施建设项目资金可以更专注于最能够提升经济效益的措施。最后,如动态收费等定价策略,也可以提高高价值货物在拥堵货运走廊运输的可靠性。

精简法规。同一方式内和不同方式间运输企业的竞争可以确保运输成本保持低廉。那些抑制竞争、抬高成本的规定可以被取消或简化。监管机构可以跨司法管辖区域统一法律法规,简化、减少或取消书面工作和文件的提交流程。但许多能够降低货运成本的监管改革，如提高重量限制或允许联合卡车在国道行驶等，需要在人身安全、安保、基础设施条件和环境影响等多方面予以考虑和权衡。

3.2.3 如何更好地运输

如何能充分利用快速发展的技术？新技术有从根本上提升整个交通运输行业的潜能。然而，现有监管、许可和监督手段大部分已经十分低效，难以适应技术创新带来的变化。此外，政府必须权衡其双重的角色：改进技术水平，同时确保广泛采用这些技术的安全性。

关键的政策选择

（1）破除应用新技术或新程序的监管障碍，建设基础设施和制定相关标准以支持新兴技术。

（2）收集和管理数据，在保护个人隐私的同时，转向以数据为驱动的投资体系。

（3）支持技术发展和应用的相关研究。

（4）保持对安全问题的重点聚焦。

美国能否充分利用这些机会，将取决于大家做出什么样的选择。人们会加速或阻碍新技术的出现和应用吗？人们会在研究上投入公共资金吗？人们将如何培养未来的交通劳动力？几十年来，“交通运输”主要是指“道路建设”，这一阶段人们需要的是精通建设和材料技术的土木工程师。而在当今这样一个智能手机、自动驾驶飞机和“大数据”的时代，美国未来的交通系统又需要怎样的专业和技术技能呢？

波士顿(马萨诸塞州)

2015年1月初,马萨诸塞州提交了一份规则和条例名单,正式承认Uber、Lyft公司和其他小汽车共乘运营模式为该州正式的交通运输模式。条例针对共乘运营公司的跨州运营、乘客和驾驶员安全制定了规则。1月末,Uber公司表示愿为政府官员提供公司内部的交通运输数据。通过提供波士顿市汽车电召服务匿名信息,该市希望找到帮助解决缓解交通拥堵的方法,从而做出更加明智的城市规划决策。

解决监管障碍。随着新技术的出现,人们需要以灵活性和创新性为原则,确保人们的政策能够引领而非跟随变化趋势,从而能将技术进步和大数据信息价值带来的积极效益最大化。法律规范将在确保公共安全和技术商业化所产生的广泛社会收益之间做出权衡。在每一种运输模式中,人们提升运输安全和效率的能力从未有如此之强,也从未充斥着如此多令人担忧的政策后果,这些可能会大大侵犯人们的隐私、人们对于地球的影响以及促进共同繁荣的能力。

随着诸多如NextGen和车联网等新技术的推广应用,相当一部分人必须使用这些技术,不管能带来多少效益。这通常是一个鸡和蛋的问题:例如,电动汽车必须依靠充电站网络才能运行,但是建设充电站的前提是必须有充足的电动汽车行驶。一旦一项新技术被充分应用,实质性的网络优势可能会显现,即使那些没有使用新技术的人也会得到好处。例如,装有防撞预警系统的汽车不仅为购买者带来好处,更使所有的人收益。为此,政府管理部门需要设法克服阻碍,使这些明显具有社会效益的新技术能够被应用;同时制定强制性技术标准,或出台鼓励技术推广应用的相应政策。在某些情况下,技术推广应用的障碍主要来自于经济考虑,政府需要提供资助,确保这些技术有大量使用者。

公共管理部门应做好充分准备,以支持和规范迅速发展的新兴技术。例如,近年来,各级和各种模式的公共管理机构都不得不制定政策、法律和法规,来解决由于使用手机而分散驾驶注意力所带来的安全隐患。目前,在联邦层面,美国联邦航空管理局在管理无人机使用方面,正面临着监管政策制定所带来的挑战。无人驾驶飞机系统具有商业潜力,但也存在很大的安全、安保和环境隐患,这些都需要在商业应用之前加以解决。

随着汽车越来越智能化,美国国家公路交通安全管理局亟需制定监管办法,允许电子控制系统进行性能故障识别。检测软件代码中的错误,需要一个非常不同的手段和技术,来确定是否有制动系统的机械缺陷。随着车联网、自动化车辆的应用,公共管理机构需要考虑加强基础设施投资以支持这些技术应用,同时解决劳动力问题,并制定数据管理和解决隐私问题的政策。

总的来说,美国的政府管理机构自身也需要改进和发展。一直以来,政府机构的转变始终难以跟上技术进步的步伐。如果政府不能很快适应市场技术发展,那么大家需要重新评估现有的制度体制,使政府监管不会成为创新和潜在创新者的阻碍。

搜集和管理数据。对于所有新技术,人们需要建立起维护安全、安保和隐私的管理方法。随着手机、支付系统和远程感应的数据搜集成本越来越低、范围越来越广泛,政府需要制定标准和规定,确保个人的信息受到保护。这将是一个日新月异的领域。

支持研究。随着其他领域的技术进步,需要大家加强对交通运输研究的投资,以研发和应用交通新技术,以及有效管理交通系统技术变化所产生的影响。这些研究超越了对技术的直接研究范畴,而是变为广泛的相关问题研究,例如,对于新技术的法律和司法影响研究。

通过增加公共研究支出或私人部门参与研究,可以保障科研投资的增加;其中私人部门参与研究可以通过建立合作伙伴关系、税收减免和补贴等手段予以鼓励。加大科研投资可以促进前沿技术商业化的力度,提高美国企业的竞争力。

将保障安全作为重中之重。随着人们越来越依赖于日益复杂的技术系统,人们需要有新的方法来保障交通运输系统在遭到破坏时的正常运作。这将需要保留冗余的系统,即使是在 GPS 导航系统和自动化功能越来越普遍的情况下,也仍然要保持引航、驾驶和导航的能力。大家还需要开发新的系统,使之能够在复杂的技术系统中识别、诊断并预测故障。最后,大家还需要制定标准,保护系统免受那些会导致服务中断、引发混乱或恐慌的恶意攻击。

3.2.4 如何应变

大家如何确保美国的运输系统能经受住岁月的考验?作为美国运输系统责任主体的管理者,大家必须努力减少其对环境的影响;为了保持美国经济的健康发展,大家必须适应气候变化的预期影响。与 20 世纪 30 ~ 40 年代相比,人们在净化空气、土壤和水资源的工作中取得了巨大的进步。但这些方面仍然是公众高度关注的焦点。今天,大家面临的挑战是要更广泛地考虑如何降低、减轻或消除交通建设和运营带来的负面影响。

关键政策选择

(1)通过提高燃油效率和增加替代能源、清洁能源来减少交通系统排放。

(2)通过调整成本、采取激励手段,鼓励新技术发展模式和相关研究,从而减少温室气体排放和能源消耗。

(3)设计和建设更好的基础设施,更好应对气候环境变化。例如严重的风暴,海平面上升和洪水等。

(4)避免在易受污染的区域发展。

交通运输系统向人们提出了挑战,但它也促使大家不断改变来应对变化的环境。人们难以准确预测出卡特丽娜飓风或超级飓风桑迪何时或如何开始袭击,但人们可以从考虑这些交通运输项目时就着手,最大限度地减少自然灾害带来的损失。为了实现这一整体目标,大家需要强有力的、具有弹性的交通基础设施,以及深思熟虑的政策支持。

减少排放是指以减少"碳排放强度"的方式来满足交通运输需求。这可能意味着,通过铁路或水路运输更多的货物,或更多人采用公共交通或电动车出行,前提是电力是由可再生能源或低碳来源提供。随着小轿车和重型载货汽车燃油经济标准的提高,预计汽车排放量将明显地下降。美国已经对所有汽车车型规定了到 2025 年的排放标准;接下来的几年里,新政策会加速燃料效率的提高。低排放对于人们健康所带来的益处也十分显著。

瓦胡岛(夏威夷州)——优先规划易受自然灾害侵袭的地区

瓦胡岛的大都市规划组织协调瓦胡岛的交通规划设计。该组织优先确保瓦胡岛的道路、机场和港口有充分的应对气候变化的能力。为了解决这一问题,该组织已经确定了五个高优先级的地区,这些地区特别容易受到极端天气和气候变化的影响，其中包括：火奴鲁鲁港、火奴鲁鲁国际机场和沿着怀厄奈海岸的法林顿公路，这些地区极易由于海平面上升和暴风雨加剧而发生洪水。

碳捕集和碳封存等技术进步，可以捕捉到90%的二氧化碳排放量，这些排放主要来源于发电和工业生产中使用的矿石燃料，这些技术能够明显减少释放到大气中的温室气体排放量。

调整成本和激励政策。通过改变土地利用减少交通运输的总需求，例如促进综合交通运输发展，使骑车和步行成为更便捷的选择，或其他减少上下班和出行需求等措施，都能够极大减少能源的消耗。综合性的政策可以有效减少运输需求，使低排放的替代方案更具吸引力。这些政策可以通过财政刺激，来鼓励清洁型交通工具的使用。其他策略，例如推动汽车共乘，也有助于降低整体运输需求。

政策变化可能会引起不同交通方式运输成本的变化。例如，增加碳成本可能会使卡车运输货物的成本比船舶运输的成本更高，同时，还会增加所有依赖于化石燃料的运输方式的总出行成本。但是，这一政策可能会刺激新技术的研究，从而减少温室气体排放和增加新能源的使用，还可能会促使船东、运输企业、汽车制造商和其他相关方寻求创新方式来降低成本。

为了降低整个运营成本，新政策带来的任何收入所得将会返还给个人，这些收入还可投资于促进交通基础设施的弹性化和节能方面。

如果缺乏成本和激励政策的调整，以个人和私营部门为整体的市场，并不太可能选择那些对未来负责的举措。在协调政策缺失的情况下，如果我们不能创造一个更具弹性化的基础设施系统，气候变化的效应（从更高温度到海平面上升）将意味着更高的成本、更大的破坏以及对更易受到灾害侵袭的地区带来更多的危害。

设计和建设更完善的基础设施。除了减少导致气候变化的温室气体排放,运输政策还可以反映出我们如何灵活地应对气候变化的影响,无论是具有破坏性的个体事件(可能随着时间的推移频率更高),还是大气、陆地和海洋逐渐、长期的变化。基础设施可以通过设计和建造更好地抵御高温或风暴等灾害的影响,利用设计标准可以促进建筑标准的灵活性,如使用更坚固的建筑材料,或者选择较少受到洪水、高温和其他灾害影响的地区进行建设。而这样的政策可能需要更高的初始投资,但可能会大幅降低长期总成本。正在开展的提高应变能力的材料和技术研究也能够改善各州基础设施的设计和建设。

避免灾害频发的发展方式。政策也可以用于投资分配,以及降低美国易受灾地区发展的整体成本。例如,法律可以强制要求在易发洪水地区购买私人保险,或使用分区和土地利用的政策限制灾害频发区域的进一步发展。补助资金可以用于提升重要基础设施的恢复能力,或者用于受气候变化影响而导致的短周期基础设施投资。

3.2.5 如何平衡决策与投资

如何确保拥有所需的机构和资金,以达成目标?美国的制度结构是零散的,它基于几十年甚至几百年的个案积累而建立。即使是成立于近半个世纪前的美国联邦运输部,在某种程度上,也是一个基于不同原因、建立于不同时间、使用不同资金来源的机构集合。在过去,我们为解决一个问题就可能增加一个新的管理层级或管理机构;而现在,我们有一大批机构,如同各自独立的“烟囱”一般,不能在一起工作。解决的办法不是添加更多的“烟囱”,而是需要我们重新构建交通运输体系的投融资和管理模式。

关键政策选择

(1)利用现有的税收、新消费税、使用费、过路费、拥堵收费、车辆行驶里程费或其他筹资机制,确保有足够的收入来满足关键需求。

(2)减少支出,从而与收入相匹配。

(3)基于绩效结果的投资优先策略。

(4)明确公共和私营部门的各自职责:明确管理部门职责(联邦政府发挥更大作用,更多的职能下放到非联邦机构,私有化);促进州、大都市规划组织和私人投资者之间的投资合作。

一直以来,无论在危机之中还是面临机遇,美国联邦政府、州、地方政府以及强有力的私营部门都设法支持关键交通基础设施建设,从而促进整个国家的发展。公共和私营部门通过共同努力来提高建设和维护关键基础设施所需的资金保障,并通过协调投资,确保工程施工符合建设标准、地区和国家利益得以实现。从伊利运河和横贯美国东西的大陆铁路,到美国的空中交通管理系统和州际公路体系,在每一种交通模式的基础设施规划和建设中,富有远见的领导力都发挥了重要作用。这些投资从人口集中地连接到了国界,开辟了新市场,并为所有的美国人创造了就业机会。而今天,我们现有的体制结构时常阻碍全面的决策制定和筹资机制建立,而这一机制正是我们解决交通问题所必需的。

确保足够的收入。缺乏资金所带来的挑战是严峻的,如何筹集交通运输体系维护、扩张和现代化建设所需的资金?这不仅是一个关于需要多少资金的问题,同时也是我们需要一个什么样的交通运输系统的问题,谁应该对哪些方面负责,我们如何确保充分利用有限的公共资源。

犹他州的统一运输计划:2011—2040 年

为了维持、养护和扩张犹他州和地方级的道路和公共交通系统,需要保证未来有持续的收入增长。如果仅通过现有的资金渠道获得收入,犹他州的统一运输计划(Utah's Unified Transportation Plan)难以顺利实施。犹他州立法机关、地方社区和公众将决定如何提高政府收入。以下设想了一些可采取的具体策略,犹他州和地方官员很有可能对这些策略进行调整:

(1)增加全州燃油税。

(2)增加全州车辆注册费。

(3)增加本地可选择的税种(根据大都市规划组织和各县的不同规定)。

财政收入可以来自于多种渠道,包括已建立的机制(如州和联邦汽油税)、消费税、使用费(如车辆注册费)、过路费、拥堵收费和车辆行驶里程收费等。如果人们希望美国能够继续支撑起一个世界级的交通运输系统,满足人口增长和经济发展的需求,那么就需要筹集更多的资金来支持必要的公共投资,还需要制定政策以刺激私人投资。最近几年,很多用于支持交通运输公共资金的使用者付费收入,如联邦汽油税,已经证明难以满足当前交通运输系统维护和现代化发展的需求。例如,在过去 10 年中,不得不通过立法将超过 650 亿美元的通用基金转移到公路信托基金中,以保持其运转。

随着汽油动力车变得更加节能,电动汽车和替代燃料汽车变得越来越流行,基础设施建设和维护成本不断上升,燃油税的购买力将继续下降。人们可能需要重新审视地面交通基础设施筹融资方式的基本假定。据美国国会预算办公室估计,如果维持目前的支出水平而不解决收入来源问题的话,未来 10 年,人们将会面临 1670 亿美元的预算缺口,这将是不可持续的。

最近几年,许多提案都提出了通过增加收入来支持联邦地面运输项目。据国会预算办公室估算,如果将每加仑燃油税增加 10 ~ 15 美分,将使其购买力恢复到大约 1993 年的水平,在根据通货膨胀率调整之后,将足以满足基于目前支出水平下的未来 10 年的支出需要。燃油税也可能与通货膨胀率挂钩,因此,未来基础设施建设和维护成本的增加,将引起燃油税率的自动调整。新的资金来源也可以来自其他的使用者收费项目,如以里程为基础的使用费或联邦车辆登记税等。此外,以使用者为基础的收入来源可进一步扩充或由更广泛的收入来源进行替代,如设立一个专门的国家销售税、碳排放税或收入所得税。

财政收入所面临的挑战也与铁路、海运和航空部门相关联。在某些方面,由于公共和私人收入项目的混杂,这一问题变得更为棘手。然而当务之急是,确保收入尽可能与每一种运输模式的政策和目标相一致,即资金应该支持优先事项。

减少支出。另一方面,如果大家认为,为了发展地面交通运输而增加财政收入是不可行或不可取的,那么可以通过削减联邦交通运输基金支出,使其与专项收入保持一致。这需要削减目前联邦资助资金支出约 30% 。有多种削减资金支出的方式。一是目前联邦政府为大多数基础设施建设项目提供 80% 的资助。各州配套资金比例的要求可以进一步提高,以便承担更多基建项目资金的负担。二是符合联邦资助条件的项目范围可以进一步缩小。来源于燃油税收入、用于公共交通和交通替代方式的联邦资金，约占公路信托基金收入的 17%，这块资金可以适当削减，以保证公路工程项目的开展。三是联邦资金可优先用于关键的维护、重建和更换现有的道路、桥梁和公共交通基础设施，同时联邦政府对于提升承运能力的项目仅限于融资和税收补贴支持。

优先投资强调绩效。交通计划和资金来源可以与绩效指标更紧密地联系在一起，从而使大部分的联邦资金用于支持有明确国家目标的投资。联邦对于投资的要求可进一步强化，以确保基层政府在规划过程中充分考虑经济成本和运输项目的效益，收集已完成项目的数据，从而评估每一个项目的既定目标是否得以实现。

确保清晰的角色。恰当的管理不是关于做了多少的问题，而是考虑如何把事情做得更好。交通运输计划和管理机构可以通过改革提高效率和效益，从而形成更好的决策，减少成本，并更快地完成基础设施项目交付。

长期以来，大多数联邦地面交通资金都是通过国会制定的计算公式分配给各州的，一般是基于道路里程、道路使用和州人口等因素计算。改革联邦交通计划的一个办法是，重新审视谁有决定联邦交通运输资金如何支出的权力。目前，只有一小部分联邦资金是由联邦运输部自行决定的，大多数交通投资决策是由各州政府和城市规划组织做出的。很大一部分联邦资助资金可以专门用于与实现国家目标相关的竞争性资助和融资项目。

联邦政府也可以放松对联邦资金的控制，将投资决策进一步下放到各州政府或其他管理机构，包括新的管理机构，如新兴超级区域的管理组织。与联邦资金补助相关的联邦规定（如环境标准和劳动标准）可以削减或去除，以满足其他机构所制定的标准。联邦运输资金可以整笔拨款,并减少资金使用限制,以支持特定的纲领性目标,如安全性或提升空气质量。此外,提高资金使用的灵活性,比如可以被当作对州的奖励,以表彰其良好的管理和规划。

为了加快基建项目交付,提高运营维护效率,可以采取政策支持越来越多私营部门参与到交通领域建设之中。更多州支持私人融资完成交通运输建设项目,联邦政府可提供税收政策支持,鼓励基础设施领域有更多私人投资。运输系统和设施管理,如航空运输控制系统或公共收费公路,可以进行私有化或重组,进行企业化运作,从而为政府部门带来短期收入和长期的成本节约。监管机构可以设法降低进入壁垒,在所有运输模式中鼓励提供运输服务的私营企业参与竞争。

3.3 结语

交通运输网络是使美国团结在一起的纽带。它不断播种着创造经济机会和国家繁荣的种子,并将这种子与每个人相连接,从邻里之间、镇到镇、州到州,最终与整个国家相连接。美国的交通运输网络是世界上最完善的交通运输系统。但它在不断老化,并越来越难以满足美国未来的需求。

这也许是祖先最伟大的遗产,正因为有了他们的奉献精神,人们才能自豪地使用这一系统。他们建造了横贯大陆的铁路,修建了巴拿马运河、国家公路体系,建设了内河的船闸和大坝,建立了世界上第一个也是最强大的航空运输控制系统。他们破除了舆论的阻碍,把人类送上了月球。正是因为他们构想了一个更加美好的未来并做出牺牲来实现它,才使得人们现在有机会来选择想要一个怎样的未来。

但是拥有选择和做出选择之间是有区别的。通过了解更多长期影响交通运输系统的发展趋势,人们希望明确在当前和未来的条件下,需要加强协调各级政府之间以及政府与私营部门之间的关系。人们将在各州首府、市政大厅、公司董事会和工会大厅逐一做出选择。所有这些选择整合在一起,将映射出美国未来的发展之路。

未来永远是一个选择。